博客：http://blog.sina.com.cn/bjwpcpsy
微博：http://weibo.com/wpcpsy

隐藏在家庭中的五行系统动力

五行家庭序位与治疗案例

肖然 著

世界图书出版公司
北京·广州·上海·西安

图书在版编目（CIP）数据

隐藏在家庭中的五行系统动力：五行家庭序位与治疗案例 / 肖然著. —北京：世界图书出版公司北京公司，2016.11（2024.9）
ISBN 978-7-5192-2153-9

Ⅰ.①隐… Ⅱ.①肖… Ⅲ.①心理学—通俗读物 Ⅳ.①B84

中国版本图书馆CIP数据核字（2016）第282712号

著　　者：肖　然
责任编辑：李晓庆
装帧设计：刘　岩

出版发行：世界图书出版公司北京公司
地　　址：北京市东城区朝内大街137号
邮　　编：100010
电　　话：010-64038355（发行）　64037380（客服）　64033507（总编室）
网　　址：http://www.wpcbj.com.cn
销　　售：新华书店
印　　刷：三河市国英印务有限公司
开　　本：787 mm × 1092 mm　1/16
印　　张：21
字　　数：212千
版　　次：2017年1月第1版　2024年9月第12次印刷
定　　价：48.00元

版权所有　翻印必究
（如发现印装质量问题，请与本公司联系调换）

序一

肖然老师出身中医世家，是身心能量整合专家，中国文化的推动者。肖然老师这册书是讲五行系统动力的。在呈现五行系统动力时，他使用了系统排列的方式。系统排列这一工具成形于西方的德国，而五行的学问则来自东方的中国。

人类从未间断过对世界奥秘、宇宙本原、心灵和身体规律的探索。在人类历史上，东西方由于不同的生存环境和民族文化背景，在奥秘的探索上走了不太一样的路径，西方的观点更加偏向具象、线性、个体的逻辑，东方的哲学则更加偏向隐喻、系统、整体的视角。

公元前五世纪被后人称为"黄金时代"。在这一时期，东西方同时出现了一大批影响深远的智者和著作。这些智者和著作持续启发着人类的心智发展。在黄金时代，思考与洞察人类心灵和身体的规律是理性和智慧的重点。黄金时代以后，思考与洞察外在世界的规律则变成理性和智慧的重点。对于外在世界，我们越来越了解；对于内在世界，我们却越来越无知。两千五百年以来，科技的发展在很大程度上造福了人类社会。然而，世界上依旧充斥着冲突与纷争，我们的内在仍然伴随着混乱与烦恼。

在这样的背景下，我们有必要将理性和智慧之光，更多地投向对内在世界的澄清与洞察。值得高兴的是，东西方智慧在今天已经殊途同归，汇集到了一门促进人类内在整合、迈向幸福成功的学问上，这门学问就是系统排列。

系统排列由德国心理治疗大师伯特·海灵格发起，在许多导师多年的研究中得到发展。它通过现象学探究问题的根源，呈现隐藏在表象之下的因素。它可以被广泛地应用于康复、教育、商业、组织发展等领域，在心理治疗方面则多被用于个人成长和家庭治疗。系统排列主要通过以移动为主的方式来呈现事实的真相、隐藏的动力、规律，是生命系统和组织系统的结构工程学。

系统排列通过个案处理和理论学习，改善个人内在关系和所在家庭的关系，洞悉组织真相，支持个人幸福和组织成功，进而助力提升人类总体福祉。系统排列和其他学问有点不同，它不仅有丰富的学术理论和方法论，而且能给出个体或组织（通常称为案主）特定的、当下的、有益的真相呈现、诠释和建议。

每个个体和组织都处于系统之中。不仅是人类自己，宇宙中的所有生物、物质和能量都处于系统之中。较小的系统又会从属于较大的系统，并且可以同时从属于多个较大的系统。我们所在的宇宙本质上是由能量组成的。能量就是流动中的物质，物质则是凝固的能量。系统中的元素通过相互作用来对其他部分产生影响。系统排列可以通过探索这些相互作用背后的能量，发现各部分之间的关系、动力和趋势。

系统排列让我们潜意识携带的各类生命信息能以个案呈现的方式，恰当地为人类所用。将五行学说应用于系统排列可以为我们提供一个崭新的框架，这是中西方文化的融会贯通。

中国文化的系统观非常悠久。就以身体系统来说，中医是以系统观来对待身体和疾病的。我们不难在中医的基础典籍《黄帝内经》中看到系统观的存在。作为中国现存最早的医学典籍，《黄帝内经》提出了"阴阳五行学说"及其他学说。《黄帝内经》以五行为框架，以人体为主要对象，阐释了独特的"天人合一"思想体系。它的核心是"整体观念"，强调人体本身与自然界是一个整体，同时人体结构和各个部分都是彼此联系的；用"阴阳五行"来说明事物之间的对立统一关系；通过"藏象经络"研究人体五脏六腑、十二经脉、奇经八脉等生理功能、病理变化及相互关系；通过"运气学说"研究自然界气候对人体生理、病理的影响，并以此为据，指导人们趋利避害。

在近代社会，中国的王凤仪（1864—1937）著有《化性谈》《言行录》及《性理疗病全集》等，并践行从疾病入手、从家庭入手、从关系入手来促进患者的康复。

在当代社会，能量医疗等西方学问体系也继承了《黄帝内经》的系统观。以能量医疗为例，它延续东方医学，视人体为一个能量的整体。能量自有其循环的路径，有些有固定路线，如十二经脉，有些是平时潜伏在若干位置的，移动时不一定遵循固定路线，如奇经八脉。十二经脉的能量有五行属性，循环相生地流动，循环相克地自我调控。能量医疗认为身体的机制是能自我康复的，借由与身体能量适当的沟通，比如说按摩某些穴位，就能够加速其自我康复。

我曾经在上海交通大学聆听过肖然老师的讲座，此后又拜读了肖然老师所著的《七种体型隐藏的心灵密码》。这本《隐藏在家庭中的五行系统动力：五行家庭序位与治疗案例》是肖然老师的全新力作，介绍的是五行系统动力与家庭治疗结合后的具体运用，书中给出了很多案例。《黄帝内经》里讲"心为君主之官"，强调了生命科学的"形、神、心"。几十年来，肖然老师以精湛的医术治疗了20多万病患，既实践了生命科学的"形"，又实践了"神"和"心"。

从人类起源来说，中国文化和西方文化本为一源。因天、地、人各异，始有不同。中国文化讲的是做人之道，是人理学，是系统智慧；西方文化讲的是科学技术，是物理学，是具象知识。二者相辅相成。东西文化，百家争鸣，多元一体。只有各宗各派的思想兼容并蓄，人类文化才能繁荣昌盛。

有人说二十一世纪是中国挥斥方遒的世纪，但我认为，这首先是从文化层面上讲的，因为一个文化上的小国是不可能崛起为经济上的大国和政治上的大国的。作为中国人，要复兴中国文化，就要奋力精进，尊重和支持中国文化的创新发展。肖然老师将五行系统动力与家庭治疗结合起来，是把中华文化用于人类发展的优秀尝试，是人类的共同财产。

智慧，是超越于时间之上的，是超越于地域之上的，是超越于文化之上的。

让我们都能平衡使用自己的五行系统动力，迈向幸福的人生。

在肖然老师新书即将付梓之际，特赘数言，以为附骥。是为序。

陈彧

系统排列导师、私董会教练

序二

我时常思考一个问题：是否在每个家庭的两两成员之间，都存在着一种动力？这些动力在家庭这个系统之中流动，相互影响，相互制约，形成一种系统动力平衡。就像我们的身体这个严密的自组织结构系统，五脏六腑之间相生相克，相互连接，相互濡养。我们很容易理解身体内部的能量流动。我们都知道，细胞之间，器官之间以及组织系统之间都存在着能量流动。身体这个系统之中存在的系统动力使得身体各个器官能够自主修复、生长、新陈代谢、保持应激平衡，从而保证我们的身体正常运行。那么，家庭成员之间，是否如身体器官之间那样，有着类似的系统动力呢？我们能否把一个家庭看成一个整体的组织系统呢？

我出生在一个传统的大家庭，当时正值"文革"发生期间。据父亲和族人说，我们的祖先是同治皇帝的老师。"破四旧、立四新"的社会风潮使得我的家族被社会所排斥。记得读小学时，学校的院子是我们祖上留下的祠堂，可是父亲从不让提起这件事，生怕沾上什么麻烦。值得庆幸的是，解放时期我们家这一支是比较贫困的，划成分时被划为中农，所以兄弟姐妹们在上学和参加工作时都没受到限制。家族的庞大让我从小就有一种人丁兴旺的优越感。我父亲的叔伯哥有十位，到我这一代叔伯哥有十七位。每逢大年初一拜年时，我们都会排起长长的队伍，挨家挨户磕头，场面很是壮观。在这样一个大家族里成长，我的心里深深镌刻下了家族的观念和文化。

心里总有一股很强烈的动力来写这本书，但思量了很久却不知从何下笔。我从小就在接触中医理念、思想、整体观以及系统构思观，这些传承下来的家族文化早已成为我的一部分。在数十年的临床工作中，这些思想引导我接触了上万例的病人，让我对生命的认识突破了纯粹的人体结构。思想与五脏和五志的关系，人体与自然的关系，家庭传承对我们性格与身体的影响，这些都是我在诊病时会考虑到的重要因素。

在三十年的临床中，通过观察数万人的身体结构，我发现人的身体非常智慧，不仅记载着我们所有的经历，还刻录着我们的家庭关系。例如：母亲强势、父亲弱势的女孩常常后背隆起，就像背负着一座小山，在这样的家庭中长大的孩子，性格往往会比较柔弱。在我"穿越"了一个又一个生命之后，太多的信息在告诉我：家庭乃至家族系统，与身体系统，与生命，是一个能量整体。这种能量在家族的一代又一代之间流动，也在每个家庭成员的身体里流动。每个家族成员，都是一个独立的个体；每个独立的个体，都承载着整个家族的信息。家族是一个系统，每个成员本身也是一个系统。这正像我们的身体，由不同的器官组成，每个器官自成一个系统，但却承载着几乎相同的生命信息。

佛说，我们的世界没有别人，只有我们自己。我们的生命本身就是一种能量，富含各种信息，它与整个世界连接在一起，形成人与天地之间的能量流动。我们的思想是否也是一种能量，存在于宇宙之中，影响着我们的灵魂，让我们有更深层次的交流呢？这些感受是否都是不同的能量？这些存在于我们生命之间的能量，是否影响着这个世界，在宇宙与生命之间传递着，生生不息呢？

宇宙是一个大的系统，即生命存在的总系统。在这个总系统之中，又存在着大大小小的系统。例如：生命体是一个系统，人类是一个系统，国家是一个系统，社会组织是一个系统，以此类推，每个家族是一个小的系统，家族当中每个人又自成系统。本书旨在和大家一起探索家族系统这一我们每个人赖以归属的基本系统。

德国著名心理学家海灵格先生在研读中国的《道德经》后创立

了家族系统排列。在我看来,这门学问所蕴含的中国传统文化和思想皆出自中华民族的哲学起源——阴阳五行学说。本着发扬传播我们民族博大精深的传统文化和传播和谐、健康、幸福这一初衷,在此与大家分享这本书,与君共勉。

肖然

目 录

第一章　爱的流动：生命与家庭　　　　　　　　**001**

第二章　身体和心理能量的秘密　　　　　　　　**009**

　　第一节　五行家庭序位　　　　　　　　　　　　010

　　　　一、水位——母亲　　　　　　　　　　　　010

　　　　二、木位——儿子　　　　　　　　　　　　014

　　　　三、火位——父亲　　　　　　　　　　　　021

　　　　四、土位——祖宗　　　　　　　　　　　　027

　　　　五、金位——女儿　　　　　　　　　　　　030

　　第二节　五行系统动力　　　　　　　　　　　　033

第三章　家庭序位对孩子的影响　　　　　　　　**037**

　　第一节　是什么成就了"女汉子"？　　　　　　039

第二节	家庭冲突给孩子带来了什么？	049
第三节	爸爸去哪儿了？	063
第四节	职业型妈妈，孩子需要你	077
第五节	没有长大的爸爸	087
第六节	没有长大的妈妈	098
第七节	爸爸妈妈都还是孩子	114
第八节	需要孩子保护的爸爸妈妈	133
第九节	单亲家庭	142
第十节	被当成祖宗宠坏的孩子	149
第十一节	领养——孩子到底该归属哪里？	154
第十二节	被排除的家庭成员	166

第四章　家庭中的五行系统动力　183

第一节	系统尊重	184
第二节	系统归属	212
第三节	系统认同	220
一、	身份认同	220
二、	死亡认同	250
三、	情绪认同	266
第四节	系统良知	289
第五节	系统自由	290

第五章　课程实录分享　307

第一章
爱的流动：生命与家庭

记忆中，是萨提亚的家庭治疗模式引领我走进了心理学的大门，并为我开启了一个新的视角去看待中医情志关系；《黄帝内经》对人体、家庭、天、地和人的前瞻性和系统性的严密阐述，让我在惊叹中国传统文化博大精深的同时，也以更加明朗的态度去看待生命科学；海灵格的出现，则进一步激发了我去探索生命这个系统到底蕴藏着什么的激情。记得第一次跟随海灵格先生学习家族系统排列，这位德国老人用《道德经》的智慧去呈现生命的真相，和解系统的动力，这让我第一次为生命系统的力量感到震惊。

但是，海灵格先生的系统动力总让我觉得缺失了什么，比如很难在里面找到模式与规律。然而不可传播和复制的文化，会直接影响文化的科学性和传播性。在从事系统排列研究的过程中，海灵格先生受到《道德经》的启发，创立了家族系统排列学说，然而它无迹可寻，正如"道可道，非常道"，不可说。而中国的五行学说，生于道，却有形、有具，有规律与可传承性。它可以很清楚地呈现系统规律，让人看到真相，达成和解。

五行学说创立于周朝，成熟于战国，是中国人的思想架构，也是中国人的哲学基础，被应用于中华民族的天文学、地理学、医学，甚至各个行业中。中华民族用五行学说来解释这个世界上万事万物的变化规律，认为世界由五种元素组成，我们的身体也是由这五种元素组成的，这五种元素相互转化，相互制约，相生相克，乘侮变化。在病理方面，《黄帝内经》把五脏比作君主之官、将军之官、谏议之官、相傅之官、作强之官，用国家职位的名称来说明五脏在五行中的位置及作用，系统性地描述了身体与人格、家庭之间的联系。五行系统动力就相当于我们的五脏六腑之间的相互制约与相互影响，他们之间有着能量的流动。每个家庭成员就相当于不同的脏器，相互之间用能量的方式相连接。他们之间流动着爱的能量，在系统动力的影响下，这种能量有时也会因不平衡而产生扭曲、冲突。

爱是一种能量，就像身体里的神经和血液，传递着能量，联系着五脏，同时延续着生命动力。然而家族系统在以爱的能量延续生命的同时，也传递着因家庭序位混乱而带来的能量牵引，同时也会因对家族系统的认同而导致曾经的灾难重复显现。

家族系统正如身体系统，家族系统混乱就好像身体能量的混乱。比如，五脏能量的不平衡会使五脏之间相互斗争，组织聚结，甚至长肿瘤等。而在家族系统之中，当某个人被忽略，系统就会产生牵引力，牵引后代人去认同祖先，并为系统的不平衡付出代价，比如得系统性的疾病、癌症或死亡等。

家里的所有成员都归属于家族系统。现代医学有一个奇怪的发现：即使一个人缺了一只胳膊或者一条腿，他也能感觉到缺失的胳膊或腿的疼痛。这表明，身体系统会自动认同所有器官应有的位置。家族系统也同样尊重所有家庭成员的位置与序位。因此如果在家族系统中，某个人被遗忘，不被尊重，系统良知会让家族其他成员为此付出代价。

道可道，非常道。五行系统动力正如天地大道，虽不可用语言表达，却真实存在。中国人对于生命的洞悉与了解被浓缩在《黄帝内经》之中，而《黄帝内经》的灵魂与思想又被凝结在五行学说之中。五行系统动力规律是关于生命延续的规律。在每个家庭之中，每个家庭成员都有自己的序位，序位关系决定了系统尊重、系统归属（家庭成员的归属感）动力、系统良知（家庭文化的呈现），等等。

每个生命都需要得到尊重，这是人类的集体无意识，同时也是五行系统动力的家族无意识。正如荣格所说的集体无意识，一个家族即是一个集体，每个家族的集体无意识里都存在生命传承的动力。不同的家族有不同的家族文化，家族文化影响着一个家族的集体良知。五行系统动力是一种复杂的动力，它包含着关系、界限、序位、尊重、良知和集体罪恶感。家族中有很强的序位和尊重关系，关系当中又存在着系统动力（比如夫妻关系就受两个系统动力的影响）。

每个家庭成员之间的动力关系类似于每个身体器官之间的动力关系。每个成员在家庭中的存在就相当于每个器官在身体中的存在，不可或缺。一旦受到排斥，整个系统（家庭或身体）都会为此付出代价。在家族系统当中，若是某一成员被家族排斥，整个家族也会为此付出代价。后代人就相当于身体的某个器官，会受到系统的牵引，为整个系统平衡付出代价。系统的尊重是平等的，只要你是这个家族的人，那么你就有自己的位置。这个位置是受整个系统尊重的。

然而系统的尊重有高低大小之分。这就像五脏的五行位置，有我生和生我之分，比如肾生肝，肝生心，心生脾，脾生肺，肺生肾。它们存在着相生相克的关系，父母生子女，子女要在序位上尊重父母，父母也要尊重儿女的存在。儿女不尊重父母，会引起序位混乱性的家庭问题；而如果父母不尊重儿女的存在，比如堕胎，那么系统就会让其他孩子认同死亡，父母的感情也会受到影响。

在五行序位当中，还存在一种动力——位置动力，相当于五脏在五行中的属性位置。比如，心为君主之官，在火的位置；脾为谏议之官，在土的位置；肝为将军之官，在木的位置；肺为治节之官，在金的位置；肾为作强之官，在水的位置。

在五行家庭序位图中，父亲在火的位置。火主炎上、光明和力量，这个位置代表着对一个家庭的承担和保护，带给所有家庭成员希望。父亲像一盏家庭的引航灯，给所有的家庭成员带来自信的力量；相当于家里的太阳，照耀着所有家庭成员。

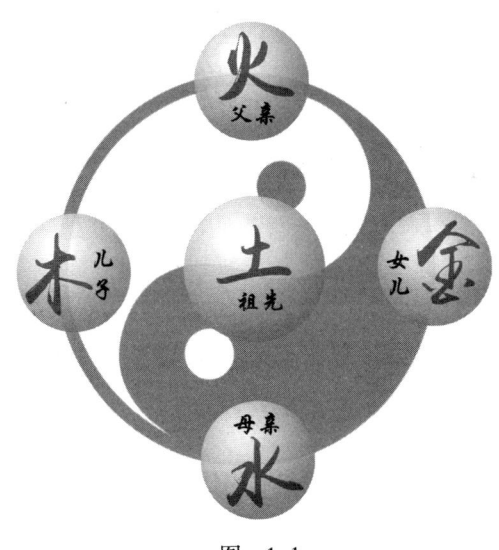

图 1-1

母亲在水的位置。水有三德（柔软，居下，谦卑），七善（心善渊，予善仁，居善地，行善时，言善信，事善能，政善治）。一切生命都离不开水的滋养，它永远居于所有人都不愿意去的地方，包容着万事万物。天下所有的母亲也是如此，母亲为所有家庭成员默默付出，滋养关爱着每一位家庭成员。

儿子在木的位置。木的特质为独立承担，积极向上，柔顺而有韧性。作为一个男人，一个家庭的希望，就应该有担当，有进取心和柔和的性格，也要有韧性。儿子为母亲所生所养，但是也需要父亲的阳刚之气的影响，就像树木生长，需要水分，也需要阳光。水分滋养是母亲的职责所在，阳光照射则是父亲的职责所在。只有同时受到这两方面的影响，男孩才能在社会上成才立业。

女儿在金的位置。金的特质是收敛而克制，稳重而坚强。女儿因受到父亲火的淬炼而变得柔软，经母亲水的冷却而变得坚强。中国女人的美德就是温柔贤惠、敦厚而坚强。女儿是一个家族的文化显现，所以叫"千金小姐"。

土位是祖宗的位置。土也是家族文化的位置，中央戊己土，是一个系统，这里的列祖列宗，有家庭各个成员的存在。这个系统在延续生命的同时，也在传递着家族的信息。

在五行系统动力当中，五种元素相生相克，金、木、水、火、土以单一元素的形式存在，同时中央戊己土也以一个系统而存在。我们可以把土位想象成一个圆，圆的概念是群龙无首级，它代表着无极，也代表着无限的循环。土位有五种元素的存在，它是系统代代轮回的汇集。在五行系统动力当中，它代表着各代祖先在传递家族能量的过程中形成的生命长河。一代代的家族系统在以爱与祝福传递生命的同时，也决定和影响着每一代家庭五行结构之间的关系。每个家庭的位置所传承的动力在每个家庭成员的位置当中都会呈现出中央戊己土系统动力的影响。

如果爱是传递生命的能量信息，那么系统动力就是用爱延续生命，以系统文化来维持良知。系统良知的存在使得所有系统成员会因系统的不平衡而产生系统罪恶感。良知和系统罪恶感也是传递生命信息的一部分，它们会被各代系统成员在系统能量的长河之中传递，它们牵引着系统成员去认同罪恶感，认同死亡，认同疾病，认同身份。

第二章
身体和心理能量的秘密

五行系统动力类似于身体五脏之间的关系,相互制约,相互影响,能量流动,和谐平衡。每个家庭成员相当于不同的脏器,在五行系统中都有自己应有的位置。和谐的五行家庭位置是:父亲在火位,母亲在水位,儿子在木位,女儿在金位,祖宗在土位。

家庭成员的序位上有五行系统的位置动力,符合五行系统中位置的相生相克、五行制化以及乘侮规律。我们将用五行的属性来解释每个家庭成员在家庭中的作用和影响。

第一节　五行家庭序位

一、水位——母亲

中国人用阴阳五行来解释世界，认识自然，洞悉生命的规律。中国人相信这五种元素构成了这个世界。第一个元素是什么呢？水。《易经》有云："天一生水，地六成之。"这个世界之所以存在是因为有水，一切生命都离不开水，没有水就没有生命。中国文化将水论述为一切的初始，这最早可以追溯到五千年以前的伏羲时代。而在两千多年前的西方，古希腊第一位哲学家泰勒斯曾说："水是万物的本原。"

水，在天为寒，在地为水，在五行五脏中代表肾脏，在家庭中代表母亲。肾是生命的起始，母亲也是生命的起始。天地自然存在着一定的序位性和规律性，医学理论源于自然，也必与其一致。

水有三德：柔软，居下，谦卑。水是世界上最柔软的物质，一切生命都离不开水，它是最滋养的、最包容的。无论高低贵贱，万物在水中都会被包容和洗涤。它还"居众人之所恶"，永远居于最低处，是最谦卑的物质。

水还有七善：居善地，心善渊，与善仁，言善信，政善治，事善能，动善时。

仁者好山，智者乐水。水代表智慧，也代表女人，从某种意义上讲，女人具有比男人更高的智慧。柔能克刚，再刚强的男人都经不住女人的柔化。在家庭中，女人越温柔，男人越强大，越有力量。如果想让家庭中的男人出人头地，女人就要回归本位，做一个温柔似水的女人。

母亲在水位，她有水之德，我们赞美母亲温柔贤惠，滋养着、爱着、关怀着家里的每一个成员，是一个伟大的存在。母亲之所以伟大，源于她的臣服。每个人都必须有臣服的品质，包括男人，但是臣服的品质源于母亲的影响。她有水的德行——柔软、谦卑和居下。

无论孩子怎样，母亲都会爱孩子，这是无条件的爱。孩子出生之后，唯有母亲具有这种品质，心理学家温尼科特将其称为原初母性贯注。所有当过母亲的人都曾有过这种经历：孩子稍有一点风吹草动，旁人并无觉察，自己却都能感受到。她的每个细胞都散发着母爱，这种爱是无条件的，是一种很难用语言表达的天性。母亲的爱是伟大的，没有人能代替她！有些孩子一生下来就被交给奶奶，奶奶给的爱并不是母爱，因为奶奶已经过了原初母性贯注期，即使给予孩子的爱再多，也不能与母亲的爱媲美。

生完孩子的女性有一种特别的美，她身上会散发出"妈妈的味道"。孩子在一周岁之前，感觉器官非常灵敏，其感受范围比我们成人的大很多，他能听到妈妈的心跳、血液流动的声音，所以那时孩子与妈妈仍然是一体的。这个阶段孩子没有主体—客体关系的概念，他觉得妈妈就是我，我就是妈妈，我和妈妈是一体的。那时的孩子有一种"全能自恋"，觉得自己无所不能：我想飞，妈妈就把我从床上抱起来；我想去哪里，妈妈就会带我到哪里；我觉得饿了，妈妈就会喂我喝奶；我觉得冷了，妈妈就会用松软的被子把我裹紧，等等。母亲无微不至的配合让孩子经历了全能自恋期。婴儿早期的全能自恋必须得到充分满足，否则他们就会立即陷入可怕的无助感中。这个时期孩子也在建立对这个世界的基本信任感和安全感。信任和自信是两个概念，自信是信任自己。有些人很难信任别人，其实是他不信任自己。基本信任源于母爱：我有资格被爱，我有资格活着，这是基本信任。资格感也在这个时期形成：这个世界是安全的，我能够活下去。小婴儿对这个世界唯一的需求就是：活着，快乐地活着。

随着孩子的长大，妈妈不再满足他的每个愿望。他开始受挫，全能自恋逐渐破灭，这也使得他能够逐渐分清主体—客体关系。但是我们也不难看到，有很多长大的孩子或成人还有全能自恋，而这些人背后通常都有一位"完美妈妈"。所以，温尼科特提出一个概念——"足够好的妈妈"。在一岁前，孩子需要完美妈妈的呵护，百分百满足他的需求；一岁以后，孩子的需求不需要全部得到满足，他会遭遇一些挫折，但整体依然是顺利的。足够好的妈妈可以让婴儿大致获得一种整体性的感觉，即我基本可以掌控我的世界。这种感觉获得后，他便能够安然度过一些不被满足的时刻。

在孩子的成长过程中，妈妈的陪伴是无法替代的。母爱之所以伟大，还有另外一个原因：其他形式的爱是为了连接，唯有母爱是为了分离，是一场"得体的退出"。"子生三年，然后免于父母之怀。"孩子三岁之后就又一次离开了妈妈，他不再需要被抱着，会跑了，然后跑得越来越远。我们发现，孩子会爬的时候就开始往外爬，爬到一定边界的时候开始往回爬。孩子在成长过程中不断试探并开拓自己的人生边界，而妈妈则永远祝福着自己的孩子去进行自己的探索。这就是母爱的伟大之处。

一个健康的妈妈能够知道这些分离过程：第一次是分娩之时；第二次是孩子能够脱离其怀抱之时；之后是孩子步入学校之时；然后是孩子开始工作，走出你的世界，探索他自己的世界之时。在亲密关系当中，最好的爱是放手。

母亲爱着所有的人，父亲支持并保护着所有的人，家庭是这样组成的。父亲需要尊重，母亲需要爱和安全。

母亲具有包容性、连接性和沟通性。有的人羞涩，融入群体的能力较低，这是因为他与母亲的连接存在问题。和母亲对抗的孩子很难与他人建立亲密关系，他们会觉得别人都没有边界，他们建立起的只会是对抗关系或侵犯关系。

我做节目时去过一个古老的母系氏族部落，那里没有爸爸，只有舅舅，人们不区分孩子的爸爸是谁。我在那里曾经遇见过一个青年男子，他身边有两个小孩，于是我问那是不是他的孩子，他说他没孩子，孩子们都叫他舅舅，这两个孩子到底是谁的，谁也不知道，不追问。在母系氏族部落中，女人居于主导地位。女人生下的孩子属于自己，不管生男生女，都是劳动力。他们的生产就是采蘑菇，养殖，打猎，然后卖兽皮，卖鹿茸、鹿角等，然后换回食品。这个部落总共有200多人，我在那里与他们相处了3天。他们的土语很简单，没有文字，只有兽皮上画着的画。他们的家庭五行图是一个大的系统，都归属在一个族群中，族长在火位，是他们的总妈妈，所有的妈妈在水位，带着一帮孩子。

二、木位——儿子

木在四季中为春。春天，"天地俱生，万物以荣，夜卧早起，广步于庭，披发缓行，以使志生"，情志都是上升的。一年之计在于春，春主生，代表着一年的希望。肝也主生，但千万不要去压制它，一定要让它升上来。

木的特质是顶天立地，代表着希望。木位在国家中代表的是将军，在家庭中代表的是儿子，是家庭中的希望。所以我们常夸男人有阳刚之气，雷厉风行，顶天立地，有担当、力量、刚性。木有刚性，同时也有韧性。男人也要有韧性。枯木才是宁折不弯，有生命的木是柔韧而能弯曲的。阴阳五行里，每个元素都分阴阳。木也分阴阳，对着太阳的那面属阳，背着太阳的那面属阴。阴性的木头没有承担性，它的木质软，容易断，容易变形，而向阳的木头有弹性。

《易经》里形容男人二十岁之前为"潜龙勿用"，龙潜在水底尚未显露锋芒；三十到四十岁之间为"见龙在田"，露头了；四十之后为"飞龙在天"。人在每个年龄段该做什么，不该做什么，都有明确的说法。

家庭关系也是相生相克的关系。火生土，源于孝顺。男人之所以懂得孝顺，是因为结婚后有了自己的孩子。男人天生的使命感、责任感使得他的叛逆性特别强，有时候犯浑是天性使然，但心底含着柔情。"刚则死，柔则生"，他的柔情从女人而来，当男人过于刚的时候，女人的调教能够使他慢慢变得柔和，有了柔情才懂得包容。

根据伯恩的沟通分析理论，每个人的人格都有三个层面的自我状态：父母态自我，成人态自我，儿童态自我。成人态自我是以现实为基础，并以成熟、客观、逻辑及理性的态度进行思考与决策。而父母态自我和儿童态自我又可细分成四个状态：第一个是适应型儿童自我，服从规矩、界限，服从管理；第二个是自由型儿童自我，当环境允许的时候，我们可以鼓励孩子冒险、调皮，以培养他的创造性；第三个是养育型父母自我，这使我们能够关爱、包容别人，允许一切自己不能接受的东西合理地存在；第四个是批评型父母自我，它能确立你在社会上的领导力和影响力。这几个自我的平衡保证了人格的健全。这就是你的家庭中每个人的人格自我的存在。

在家庭当中，这三个人格是互动的，在不同的条件下相互转换。

举个例子来说，有时候妻子会向丈夫撒娇："亲爱的，你要给我买鞋子！"如果丈夫说"钱不够"，那么妻子就会回"不行，你就要给我买"。

这时候妻子就处在自由型儿童自我的人格状态。丈夫会怎么样？丈夫会对妻子燃起另外一种爱。

一个人之所以可爱，是因为你丰富。然而当先生感觉特别烦心的时候，妻子不能这样对待他，而应该转换到适应型儿童自我的人格状态。当先生说："去，给我打盆水过来。"这个时候妻子最好是乖巧的表现。

如果先生犯错，妻子告诉他："以后不可以晚回来！再这样，就不做饭给你吃了！"这时妻子已经转换到了批评型父母自我。

当丈夫特别累的时候，妻子对他嘘寒问暖，细心体贴，这时候妻子表现出的就是养育型父母自我。

这四个自我的互动会使我们的亲密关系更加牢固，也会使夫妻双方的探索欲越来越强。因为处于自由型儿童自我状态的个体会创造更多的可能性，会创造更多让对方感到新奇的事物，丰富彼此的生活。

我曾经说过，没有"第三者"就没有爱情。我说的第三者不是第三个人，而是指两人以外的任何事物，比如兴趣、爱好、工作等，这些都是第三者。第三者是建立两个人之间关系的桥梁。如果两个人在一起耳鬓厮磨，总是以同样的形式互动，不久就会审美疲劳甚至心生厌倦。我们天生喜欢新鲜事物，喜欢探索，渴望去靠近一个让你感到新奇的人，靠近的时候你就有了"外遇"。

所有的人都有探索欲。如果你让对方在你身上永远探索不完，他的探索欲就会永远停留在你身上。人的精力是有限的，他的力比多都释放在你身上，就不会向别的地方释放了。"在外面看到谁都没有看到我妻子漂亮，我妻子怎么那么可爱！"可爱不仅包括长相，还包括内在的丰富和创造更多的可能。人造的景点去多了，我们就会觉得没什么意思，因为人造的东西总有一定的规矩。然而大自然就不会让我们厌倦，因为自然界永远有新奇、有不同。记得我在加拿大时曾经和朋友去原始森林远足，但我们无论怎么走都不觉得累，因为前方的一切总是新奇的、未知的。人也如此，你要让对方永远探索不完你的新奇，你要有更多的可能、更多的创造，这样才能一直吸引对方。你要确信一点，他之所以选择和你结婚生子，是因为在他心里你比别人更有吸引力。在此基础上，再去创造，就可以使情感保鲜。

男人之所以有外遇，并非他真的喜欢那个人，也许只是她身上的某一点吸引了他，他就跑过去了，就像一个孩子。男人有外遇就像孩子一样，他在不停地探索，探索的时候他没有边界，没有规则。如果你希望他有规则，比如说不许他说话，他就会定在那里，产生边界性。每个人的人格当中既有边界性也有突破性。当边界性和突破性平等时，他该突破的时候突破，该有边界的时候就有边界，他能够掌控自己，可以适应社会、生活、群体，这部分是父亲给的，后面我们将会谈论到。

所有的男人、女人都有探索欲。从进化的角度讲，在两性关系中：男人广种薄收，以多选优；女人稳中求变，以优选优。只是女人比男人含蓄，较少张扬地表达或直接追求。有一次在心理学大会上，我问在座的800多人："想找更多男人的人举手。"好多手"哗"的一声都举起来了。我又问:"想找更多女人的人举手。""哗"的一下又全场举手。在座的都是心理学专业人士,大家都很真实坦率,敢于表达真实的想法,不敢表达的人只是含蓄低调而已。女人看到帅哥会多看两眼,男人看到美女也会多看几眼,这是正常的,毕竟爱美之心人皆有之。

佛教说"贪",贪首先指的是情感,然后才是财。老子说"圣人为腹不为目",吃饱足矣,不贪眼目观察到的东西,"驰骋畋猎,令人心发狂"。我们眼睛的欲望更强。佛教中认为凡是吸引我们的东西都属于"色"的范畴。金钱是色,外面的景色是色,所有外在的能吸引我们的东西都是色。如果这个色不再吸引我们,是因为我们内在的色多了,内在美好的东西多了,诚如老子所说的"充实以为美"。当你的内在变美了,美到像大自然一样时,自然界所有的美对于你来说都是那么平常。佛教说的"空"不是真空,它的空里面是"有",所以"真空生妙有"。在内心清净的同时,要充满美好,充满很多善良、慈悲,如是,色就不会对你再有吸引力。这是我对佛教的理解。

我从十几岁的时候开始看佛教的书籍,我觉得它不是迷信,不只是信仰,而是一门哲学、一门科学,能够让你的内在丰富起来,产生更多的美好。"充实之谓美,充实而有光辉之谓大",当美到像阳光一样照耀别人、照耀这个世界的时候,你就变成了"大"。

"大而化之之谓圣",我们每天都会感受到太阳光,但没人去注意它,就是化去了,"和其光,同其尘",这个时候你其实已经成了圣人。圣人之所以为"圣",是因为他的存在是所有人都需要的,但是所有人都不再注意他。

我们通常都不会去珍惜这个世界上最美好的东西,比如空气、阳光、水。它们才是真正的伟大。每天宣扬自己了不起、伟大、是个圣人,这样的人什么都不是。真正的伟大在于平常之中,可以低调到被忘却。

然而人非圣贤,我们都有自己的面具和暗语,面具永远展现的是自己美好的地方,暗语会隐藏内心不敢表达的部分。每个人都习惯于此,就像阴和阳同时存在一样。每个人内心都有不敢、不想表达的东西。你觉得自己什么都不隐瞒,其实是自欺欺人。幽默和自嘲可以宣泄我们内心不敢表达的能量。

要接纳自己内心有大家都有而不愿意说的那一部分,也要认可自己内心有自己不喜欢或不能接纳的部分。

人生是一个修行的过程。释迦牟尼修行到一定境界,成了佛,四处放光,他已经看到了内在的一切,他接受的一切。他首先看到了人的生老病死、人所有的丑恶、所有的美丽,并且接受了它,然后修通了那个部分。

做人要做一个正常人或者做一个好人,要觉察修行。什么是好人？就是坦诚，不伤害别人又不伤害自己的时候就真的圆满了。我们可以看到社会上所谓的"好人"，他们或者自卑、讨好，或者胆小怕事、委曲求全，看似没有伤害别人，却在伤害自己。他心里充满委屈甚至怨恨，我们通过他的表情、体型就可以看出来（大家可以参考我之前的书《脊椎告诉你的健康秘密——身心柔软与平衡的智慧》。）

三、火位——父亲

五行五脏中，火位是心，心为"君主之官"。在国家之中代表皇帝，在家庭中代表父亲，是由儿子变成的男人。儿子必须要经过水——女人，才能变成男人。木由水生，必须要再经历一次水，这被称作重生，男人娶妻就是重生的过程。好男人都是经过好女人淬炼出来的。男人身上有许多毛病，能不能变成好男人就看女人能否帮助他成长。

男孩不经过女人就无法成为男人。在某些中国传统习俗中，男人若没结婚死去是不能入祖坟的，此为家族排斥。成为父亲才能被称作男人，有性生活而没有结婚、没有生小孩的男人不能被视作"成了男人"，丁克家庭中的男人不能算是真正的男人。

好男人如何做一个好父亲？父亲在家庭中起到什么作用？家庭由成员组成，成员之间有相互的关系，故家庭亦由关系组成。家庭关系有夫妻关系、母子关系、父子关系、父女关系、母女关系、兄妹关系、姐弟关系，等等。在关系当中，父亲需要得到尊重。

在家庭中，男人要的尊重是外显的，女人要的尊重是内隐的。比如说，在外面、在人前，女人要充分尊重自己的丈夫，而在家里，男人要充分尊重自己的妻子。在家庭里有这种现象：男人与妻子吵架、打架，所有的孩子都会反对爸爸而向着妈妈，因为在所有孩子的心目中，父亲的暴力背离了道德观。在家庭中没有普世的标准对错，唯一的道德观就是向着弱者、保护弱者。这个理论告诉所有的男人，只有充分尊重自己的妻子，孩子才会爱你。特别是老了之后，要把妻子哄好、照顾好，不然孩子就会对你不孝顺。

在一个家庭中，当父亲被尊重、同时他也充分尊重孩子的母亲的时候，孩子就学会了尊重、臣服，同时也得到了界限性方面的培养。在现代社会，男人通常把事业放在第一位，在外面打拼事业，以致缺少了对家庭的关注，从而使得自己在家庭中缺位，进而造成孩子尊重、臣服的品质越来越差。

作为父亲，如果想得到尊重，首先就必须自重。"君无自重而无威"，要把自己做好才会得到别人的尊重，"处无为之事，行无言之教"。父亲稳重的坚守、震慑的威严如引航灯，让孩子尊重他，按照家庭文化的规矩行为处事。母亲则要像水一样能够包容。比如父亲在教训孩子的时候，母亲一般会在旁边说"差不多就行了"。当然教育要适度，孩子在接受制度时也会感受到家庭带来的温暖和安全。如果没有母亲这个部分，孩子会觉得家庭不温暖，缺少爱的柔情。

一个家庭的所有成员都必须具备这些品性：责任性、边界性、规矩性、包容性、连接性。在这些品性中，责任性、边界性和规矩性是父亲建立的，包容性和连接性是母亲建立的。

在社会上，有些孩子容易侵犯别人，没有边界性。他自身没有边界，也不让别人有边界，这是因为他的家庭没有规矩，这类人也普遍不被人喜欢。一个人的边界性由父亲决定。规矩由父母互动而来，由父亲守住。在父亲缺失的单亲家庭中，规矩由母亲建立，如果母亲老了，规矩就由长子建立，这就是我们的传统文化。妻以夫为纲，夫死之后，以长子为纲。长子在家庭中有很重要的位置。在一个家庭中，如果老人去世，都是由长子或长孙扛幡：长子在，长子扛；长子去世，则由长孙扛。长孙是长子的大儿子，即使是二儿子的孩子比长子的孩子年纪大，也不能称为长孙。长子孙必须一直在这个位置。

由父亲负责传承的责任性、边界性、规矩性是男人的特质。大家可能有这样的体会：企业中有些员工总是很难与上级建立友好的关系，经常挑战权威。可以肯定的是，这些员工与父亲的关系不好，父亲没能在家庭中建立规矩，所以在长大之后，他就会把这种关系投射到与上司的关系当中。所以企业在招聘员工的时候，要询问员工和父母的关系是否融洽。在家庭中，父亲建立规矩，维持规矩，让孩子产生规矩性。

作为父亲要多给孩子肯定。为什么我没说鼓励、赞美？赞美孩子和肯定孩子是完全不同的两个含义，赞美有脱离事实的嫌疑，肯定是肯定真相。

父亲给孩子的一次肯定相当于母亲的五十次，孩子是否自信和能否成功与一个喜欢肯定和支持孩子的父亲有关。不同于鼓励和赞美，肯定是实事求是地看到孩子的优点。如果盲目地赞美孩子，就会让孩子觉得自己欺骗了父母，从而产生怨恨，恨父母，也恨自己。这种自我欺骗和欺骗别人的愧疚感，会转化成愤怒。作为父亲，要懂得发现孩子的优点，恰当地给予肯定，帮助孩子看到真实的自己，同时在其他需要的地方提醒孩子改变和提升。真实地看到自己的成绩是产生自信的基础。肯定并非不批评，如果父亲提出的建设性意见正是孩子真正需要提高的地方，那么这也是肯定的一部分。心理学研究发现，一个孩子建立自信，需要在六岁之前得到父亲五千次以上的肯定。自信是对自己的成绩有清醒的认识，能肯定自己的成绩和优点。中国人普遍有自卑、保守、僵化的情况，取得成绩之后会说"纯属侥幸"，这是我们的民族文化之含蓄、谦让品质造成的。

父母是孩子的一面镜子，这面镜子不能变形。如果是一面凸镜，你一表扬孩子，就会扩大孩子的优点而隐藏孩子的缺点，这会让孩子产生病态。如果是凹镜，那么就会缩小孩子的优点，孩子得到的反馈通常是"你这是侥幸""你不可能做得这么好""你就是特别不行"，这些否定，会让他自卑。

长期的肯定能帮助孩子产生真正的自信。一个坦诚、真实的人能得到所有人的喜爱，一个不真实的人是很可怕的。中国人做人讲究外圆内方，内心一定要有很强的原则性，对外要允许别人犯错误，接受别人以不同的形式存在。我们要做合格的父母，就要学习这一准则。

除了肯定孩子，父亲还要支持、信任孩子。什么是支持？我的儿子告诉我说他想要学医，但又认为自己不够聪明——每个人都有自卑心态，这个时候父亲就要给予支持——所以，首先我对儿子说："爸爸支持你学医。"儿子问我："为什么？"我说："因为我觉得学医是一个非常好的选择，也很适合你。"这样表述很真实。我继续告诉他："爸爸相信你不笨，你的智商即使不比别人好，也不会比别人差。"我信任他，这会让他信任自己。

那天与孩子谈完话之后，我看到了他的改变，他制作了时间表，写了篇心得重新规划自己的生活、学习和职业生涯，那年他才15岁。这就是父亲给予的力量。还有一个他学骑自行车的故事。他会滑轮滑、打棒球，协调能力应该很强，可就是不会骑自行车，为什么呢？因为他骑自行车是妈妈教的，妈妈的小心谨慎、过度保护使得他无法独自上路。后来我把他带到屋子后面的草坪上，撒开手就让他自己骑，他说不会也不敢，我鼓励他说："放心骑吧，反正这里没人，摔倒了也没人看见！"十分钟后，他就能独立骑车了。

父亲给予孩子的力量可以分为四个部分：肯定、支持、信任和允许。一定要允许自己的孩子犯错。很多时候，孩子都是在犯错和冒险中成长的。

我鼓励孩子学滑雪，他觉得自己不行。我说："肯定行，你爸那么勇敢，你怎么会不行呢？"于是我带他上山，让他趴在轮胎上滑下来，下来的时候我吓得不由自主地张大了嘴巴，闭上了眼睛。他拍下照片对我说："爸爸，原来你在我心目中很勇敢，现在我发现你也会感到害怕。"我就肯定他："你看到自己比爸爸强的地方了吧。"

很快，他就学会了滑雪、打冰球。

父亲作为孩子的根基，一定要时常告诉孩子你可以比爸爸强。所有男人都有拯救情结。你引领、帮助他实现了这个情结，他就成了一个英雄。照顾弱小者就能实现拯救情结。所以男人一般都喜欢弱小的女子。

《红楼梦》里面的人物中，很多男人喜欢林黛玉，其实健康的男人喜欢薛宝钗，病态的男人才喜欢林黛玉，那种病怏怏的状态在真实社会中是不和谐的。

儿子要是足够强大，娶的媳妇一定是温柔的。男人强大，女人就不得不温柔。所以男孩要成为强大的男人。不是外在的强大，而是内在的强大。

父亲的强大还会促成女儿的温柔，因为火是克金的。火旺金才能形成水。阳光充足，水分充足，男孩才会能干自信，女孩才会温柔敦厚。

如果火特别旺，男人能承担、有力量，那么他的家庭文化也会好。因为火代表着家里的引航灯，他给儿女带来的是力量和自信。父亲的力量体现在孩子身体的腰椎部位，如果腰椎挺拔有弹性，那么这通常是因为他们家有一位能撑腰的父亲。

强大的男人心中也有柔情。母亲善用语言表达柔情，父亲的柔情更多体现在行动上，他会拥抱孩子，用行动来陪伴、支持孩子。在健康的父女关系中，父亲和女儿要保持距离，因为女儿恋父。

只有家里的父母给孩子健康的爱和支持，孩子才会保持心理健康，生活有目标，建立良好的朋友关系和亲密关系，在事业上有发展、有突破，成长为一个自信的孩子。这就是家庭。

四、土位——祖宗

火生土，火烧尽变成土，在季节中代表的是长夏。长夏时节，

"天地气交，万物华实"。土在长夏代表发，气交就是水和火相交的时候，水分已经来到空气中，热量也来到地面上，于是交合。天地相交产生万物，男女相交产生儿女。万物之间都在交合。立秋十八天，寸草都生籽。《易经》中把天地交合称为"氤氲"，男女交合叫"媾精"。

土在天为湿，在地为土，其色为黄，在脏为脾，脾主运化。心主脉，开窍于舌尖。肝开窍于目，肾开窍于耳，脾开窍于唇。嘴唇厚的人一般脾好。脾为后天之本，肾为先天之根。脾主运化，在家庭中代表文化，也代表祖宗。在长夏，自然界会出现一种现象，即小的幼苗又开始生长，开了花的植物开始授粉，因为在长夏的时候土有阴有阳，有寒有热。长夏最容易得病，大部分腰椎间盘突出、颈椎增生、骨质疾病、疮、痈、内脏湿热，都源于长夏。

脾为谏仪之官，知周出焉。谏仪之官就是谋士。它的神为意，志为思，思伤脾。思考多的人不长肉，有的人睁着眼睛想事，闭上眼睛紧张，睡觉的时候做噩梦，这样的人通常不长肉。

湿在肉为饮，在肺为痰。饮就是水分。为什么在长夏小幼苗又开始生长了？因为那时有春天的特质，有寒气从土里慢慢散发出来。如果那个时候有一粒种子落在地上，那么这粒种子马上就能生根发芽。在长夏季节，土里什么都有，土叫中央戊己土，金、木、水、火在土里都有，有春、夏、秋、冬的几种特质。

火生土，土代表的是家族的祖宗。在祖先中有爷爷、奶奶、爸爸、儿子等一代一代的人，是一个系统。

系统存在着序位，序位之间存在相生相克的关系。海灵格看了《道德经》，尤其受第三十章"大军之后，必有凶年"和第三十一章"杀人之众，以哀悲泣之，战胜以丧礼处之"启发，发展出他的家族系统排列，但是他没有看中国另外一部经典——《黄帝内经》，所以他讲不出相生相克的关系。

在家庭中，金克木（即女儿克儿子），而木克土。男孩和女孩不同，他们叛逆性强、破坏性强、攻击性强，男性的力比多表现出来的是攻击性，男人一生下来就反祖宗。

有一句话叫："老儿子大孙子，老太太病根子。"爷爷奶奶最疼孙子。有一种疗法就叫"孙子疗法"。当爷爷奶奶闹脾气时，如果你打他孙子，那么就制住了老人家。儿媳妇惹不起婆婆，就打婆婆的孙子——她自己的儿子，婆婆就该求她了，所以儿子是克祖宗的。

土克水，兵来将挡，水来土掩。婆媳关系是历史问题，婆媳永远是"天敌"，还是"情敌"。公公婆婆克儿媳，儿媳克孙子。男人从小生下来就被女人克，没办法就去克土，最后他还要生土。男人克祖宗最终还要升为祖宗。这其中的生克关系有着深厚的哲理。男人一旦成为爸爸，就特别孝顺，不克反生土。所以说不当家不知柴米贵，不养儿不知父母恩。

五、金位——女儿

金在五脏中代表肺，肺为治节之官。金在家庭中代表女儿。凡是结过婚的男人和女人都有这样的体会，如果那个家庭里有大姑子或小姑子，她会有很好的调解功能。她调节婆媳关系、母子关系。做儿媳的都知道，多一个姑子就是多一个婆婆；有姐姐的男孩子都有这样的体会，他最怕的不是他妈，而是他姐姐。当姐姐的一般都欺负弟弟，当然不是像打架那种欺负，而是"你得听我的"。如果姐姐被弟弟欺负了，那么她的原生家庭就是有问题的，她的婚姻也会出现问题，这就是五行系统动力的显现。

家庭关系中每个人的位置叫序位，他们存在生克关系。火克金，爸爸克女儿。在一个家庭中，如果父亲有力量、特别强大，那么女儿就会温柔。所以娶妻首先要看她有没有一个强大的父亲。如果妻子家有一个柔弱的爸爸和一个强大的妈妈，那么丈夫和妻子的关系就会反过来，即不是丈夫娶了妻子，而是妻子娶了丈夫。男人必须有气魄、有力量，具备承担性、开放性、创造性。男人越强大，女人越温柔；女人越温柔，男人越有力量。

中国式的情感模式是"男人都在找妈妈，女人都在找爸爸"。男人永远需要女人满足他妈妈的部分，同时也满足他释放野性、释放原始动力的部分，并实现他保护欲的部分。女人如果想要成为一个永远被丈夫爱的女人，必须要活得精致、丰富，要有妈妈的包容性、控制性，还要有女人的多变性、依恋性。

前面讲到的沟通分析中的人格具有三个层次：父母态自我、儿童态自我、成人态自我。作为一个理想的配偶，不论男女，要同时满足对方三个层次的自我，有时要成为他的父母，有时要成为他的伴侣，有时要成为他的小孩。如果缺少其中一个，他就要向外去寻找。所以有时候我们看有些男人的外遇从外表上完全比不上他的妻子，但是他儿童态自我的需求却在她那里得到了满足。而如果男子找幼稚型的，那么我们可以推测他家中的妻子是控制型的，因为外遇满足了他的父母态自我。以上所述的行为模式对于男女来说都一样，只是社会舆论对女性的约束更多，所以看到的类似情况少而已。

人们常说，得不到父母祝福的孩子是不幸福的。曾经有学员告诉我，她在家里一直受弟弟欺负，我判断她夫妻关系肯定不好。我们通过一个点就可以知道整个面，知道整体系统，这就是全息疗法。全息疗法中也有家庭全息、五行全息。我们的身体是一张地图，通过一个部位就可以知道家庭关系好不好。我为什么从学员受弟弟欺负就可以知道她的家庭关系出现了问题？因为这是反克的家庭存在的通病。她的弟弟不在其应该在的木位而在金位，她自己在木位，姐弟之间位置颠倒，这就是反克。我们可以进一步判断，他们家是妈妈控制、妈妈说了算，爸爸说了不算数。

每个家庭都有自己的家庭文化，其中包括家庭规条。"入国知俗，入家知讳，上堂知礼"。家庭习惯就是文化，真正的文化在我们的行为中显现。一个家庭里通常是由女儿来显现家庭的文化、门庭的显赫。

家庭的文化由女儿显现出来，因为女儿代表规条、收敛。夸男人顶天立地，是发散的词，是往上升的；夸女人温柔、贤惠，都是收敛的词。有几个女儿挨打的？凡是挨打的女儿，她的家庭图肯定有问题。有一次我妻子气冲冲地带着女儿回来，对我说："你一定要教训下你闺女！她竟然骗了我一个暑假，整本作业一个字都没写。"平时很疼爱女儿的我当时也气不打一处来，挥起手就打了女儿一巴掌。可是很快我就后悔了，到现在还后悔。父亲是不爱责打女儿的。父亲责打儿子吗？会，但从心理上说也不希望。我几乎不责打儿女，因为我怎么看他们怎么好。他们的妈妈一向对孩子很严格，现在孩子们长大了，她非常后悔，觉得因为自己太过严厉，儿子才性格过于内向。打孩子不是好的教育方式，只会让孩子变弱，对父母产生距离。因此，父母给孩子最好的礼物是良好的家庭关系。

第二节　五行系统动力

五行家庭关系也是相生相克的。

母亲的位置为水，水生木。在家庭关系当中，妈妈和儿子的关系是相生的。

木生火，儿子在心理上对于父亲是一种滋养。每当父亲看到自己的儿子，就会产生很大的动力。古代有一句话讲："父子天性，母子连心。"母亲在情感上给予儿子的是滋养、包容、关怀。儿子是父亲家族力量的延续，是生命的传承。儿子对于父亲来讲是一种后续力量的支持。儿子在一个家庭里，会发展为父亲。所以儿子这个位置，与父亲的位置，是相生的关系。

父亲为火，火生土，土位是祖宗的位置。它有两层意思，一层是指人老了，进入天年，或过世后入土为安；还有一层意思是，土为中央，代表着中央传承文化，也代表中国民俗当中的祖宗信仰，所以土位也是一个系统。当父亲老了，不再作为家庭的支柱，位置被儿子替代，他便进入系统，成为家庭的历史和传承。所以火生土，父亲与祖宗之间也是一种相生关系。

在五行当中，土生金，金的位置是女儿的位置，在这里有很深的一层意思。在中国传统文化当中，女儿彰显着家族的文化。她的修为和礼节彰显着一个家族的文化传承，她的言谈举止代表着一个家族的规条、文化。所以说，祖宗的位置与女儿的位置是相生的。女儿又叫"千金小姐"，这说明家族文化对于一个家族的重要性。然而女儿将来是要嫁出去的。她携带着原生家庭的家族文化嫁进另一个家庭，成为母亲。她对原生家庭的影响，也在显示着原生家庭父母之间的关系。所以说，祖宗和女儿也是相生的。

而金又是生水的，女儿将来成为母亲，所以女儿和母亲也是相生的。常言道，女儿是母亲的小棉袄。女儿对母亲的疼爱，除了是一种对母亲的回报外，在五行动力中也是一种对母亲的滋养。

家庭五行的相生，正如五行的相生；家庭五行的相克，正如五行的相克。在五行当中，金克木。金的位置代表着规矩、家教、严格、内敛，所以在家庭当中，女儿和儿子是相克的。当儿子行为有欠妥当的时候，家庭里的姐妹就会对他产生很强的克制力。

木是儿子的位置，在五行当中，木是克土的。在一个家族当中，土的位置是祖宗的位置，也是爷爷奶奶的位置。在家庭结构里，爷爷奶奶对自己的孙子是宠爱的，没有规矩的。家庭规矩是由祖宗建立的。可是木克土，孙子破坏家庭规矩，爷爷奶奶是没有办法的。而且，当爷爷奶奶和母亲吵架的时候，只能由儿子去调停。

土克水。在婆媳关系当中，土位的婆婆会克制水位的母亲，所以婆媳关系是一个历史问题，是家庭的根本矛盾，显示着一个家族的结构。外来姓氏的进入，只有一个人，那就是母亲。其实婆媳关系的冲突，也是两个家族系统的冲突。有的时候，如果娶进一个好的女人，也就是母亲进入系统，对家族系统也是一种修复和建设。生命就在家族系统位置的相生相克之间不断发展着。

水位的母亲克着火位的父亲。柔能克刚，再有力量的男人也怕女人。女人越温柔，男人就越强大，越爱这个女人。反过来讲，不贤惠的女人则会使男人的事业和身心受到侵害。常言道，家有贤妻，丈夫出门不做恶事。这也充分显示了处于水位的母亲对处于火位的父亲的克制有多么重要！

处于火位的父亲对处于金位的女儿是起克制作用的。家里的父亲越强大，家里的女儿就越温柔。火对金的烘烤，才能让家里的女儿温柔似水。

在五行当中，除了相生相克的规律之外，还有相乘相侮的规律。相乘就是所生之间产生的不平衡现象，比如水位的母亲生着木位的儿子，但如果母亲过于强大，母爱泛滥，就相当于水淹大地，对于木位的儿子，就相当于水没过了头顶。这叫母乘其子。这样的儿子往往没有承担，没有创造力，依赖性强，偏执，容易产生人格障碍、神经质等问题。相侮就是被生的儿子过于强大，而母亲过于软弱。有时候在这样的家庭中儿子会替代母亲,母亲就失去了尊重。这叫子反侮其母,这样的儿子脾气暴躁,没有包容性,喜欢指责别人,不懂得尊重。又如木生火,儿子过于强大,不尊重父亲。其实这是一种传承。常言道,子不孝,父之过。父亲对土位的不尊重,也会导致儿子对他的不尊重。

第三章
家庭序位对孩子的影响

在多年的身心疗愈以及五行系统动力工作坊中，我发现很多家庭成员都没有在原本的位置上，家庭的序位是混乱的，以致出现各种家庭问题或者家庭成员的身心健康问题。

下面我将分别详细阐述几种常见的给家庭和家庭成员带来影响的序位混乱。同时在案例展示过程中，我会让当事人（也称为"案主"）在课堂上请人代表他的家庭成员，让五行系统动力自然呈现家庭成员实际所处的位置。

在描述家庭模式之前，我们先来画一幅自己的家庭图。家庭图要能够显示出你的家庭成员都在什么样的位置，他们的性格特质是怎样的，对你的影响是什么，家族系统中是不是有什么秘密（如果有秘密就写出来，没有秘密就写现象）。比如家庭中经常有人患癌症、精神分裂症、神经症等，就要写下来。画两幅家庭图，一幅原生家庭的，一幅现在家庭的。原生家庭是你成长的家庭，现在的家庭是你结婚后组织的家庭（也是你孩子的原生家庭）。要画出金、木、水、火、土的位置。

在画之前可以想象家庭所有的成员都来到了这里。闭上眼睛进行一个仪式：

以舒适的姿势坐好，闭上眼睛，深呼吸，让自己全身放松。

想象家里所有的人，爸爸、妈妈、兄弟姐妹、爷爷奶奶、列祖列宗，今天都来到了这里，站在你的面前。向他们说一声："谢谢你们！在这里我向你们做一次请求，请求你们陪伴我；在这里我向你们做一个承诺，我将带着臣服和尊重的态度，为整个家族做一些事情，为整个家族的后代做一些事情，让我们的生命得以繁衍和传递。请求你们允许、支持我。"

想象自己的家庭成员对你的影响，对整个家族的影响，看看整个家族系统在传递着什么样的能量，然后对他们说一声："谢谢你们！"

张开眼睛，把它画在你的纸上，用心去画。有眼泪涌出就让它自然流淌，这是一个疗愈的过程，没有对错，你只需要画出来。

家庭所有成员的位置、性格特点、对自己的影响，都可以写下来。同时，在心里回顾一下父母的过往：他们容颜的变化，他们彼此之间如何相处，他们当年关注些什么，他们是用一种什么样的方式对待你的，这么多年你是怎么过来的。

第一节 是什么成就了"女汉子"？

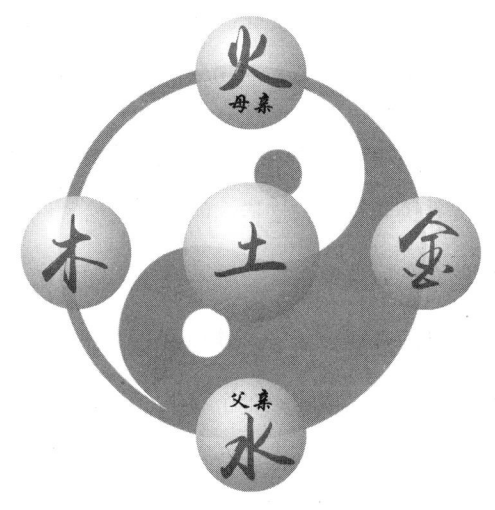

图 3-1

在传统的家庭中，男主外，女主内，女人要像水一样滋养和包容家庭中的每一个人，而男人承担家庭的责任，是家庭的权威和支柱，在家庭中处于主导地位。但传统社会男尊女卑，女人没有经济来源，依附于男人和家庭，男人则缺乏对女人的尊重。

随着社会的发展，两性的差异在逐渐缩小，社会化分工也越来越不明显，女人可以像男人一样工作和生活，承担家庭的经济负担。特别是由于受到女权主义的影响，越来越多的女人想要在家庭中争夺主导地位，于是在一些家庭中不可避免地出现了这种情况：女性强悍果敢如男性，承担家庭责任，主导家庭一切事务，而男性只是一个配角、跟从者。

这样的家庭就是阴阳颠倒，妈妈在火位，爸爸在水位。根据五行系统动力，当关键序位发生变化时，其他的序位也会相应地发生变化。于是，家庭中男孩和女孩的位置也相应地发生了变化，女孩变得像男孩，男孩变得像女孩。母系氏族社会就是这样的家庭图。然而在现在的父系氏族社会，这样的颠倒却会给家庭成员带来负面影响。在火位的女人后背厚实，心脏不好，因为水去了火位，承担了太多不属于自己的责任、压力，她心里有愤怒的情绪。在"女汉子"心目当中，男人除了能让她生个孩子之外，没有什么用，男人是弱小的，她不能靠男人。她还有另外一种情绪——委屈，她会觉得自己承担了这么多，自己的丈夫怎么就不像个男人呢？

在这种家庭中的男人会忍气吞声、唯唯诺诺，不敢发挥男人的特点，任劳任怨地充当服务者，或者干脆什么都不做主，唯命是从，由于爱对方或者实在强不过对方而选择忍气吞声一辈子。男人最大的需求就是尊重，这样的男人不一定不愿意承担，只是不能在火位被尊重，一旦失去了尊重，他基本上就没有了一家之主的位置，特别容易罹患胃病或肝病。

在这种家庭中长大的儿子在金位，在被母亲过度管制的同时，也被姐姐过度管制。在两个强大女人的管理之下，他产生了很强的依赖性，同时又有被压迫出来的叛逆性，但是这种管制过于强大，他只好消极抵抗，无力感和无能感成为他的生活常态。而处于土位的爷爷奶奶，往往也会受水位反侮，婆媳关系对立，甚至出现序位性系统问题。在家庭教育中，男孩学习爸爸成为男人，女孩学习妈妈成为女人。长大以后，子女也会遗传这样的家庭模式，除非他有觉察，有个人成长。

这样的家庭想要改变该从何开始呢？首先，家庭中的女人要学会放下，放下控制，学会尊重，做水一样的女人。温柔不代表没有力量，水最为柔软，却最有力量，正因为她不争，故天下莫能与之争。女儿要学会尊重父亲，尊重父亲能改变自己的命运，让自己成为真实的自我，活出真我；儿子要学会自我肯定，脱离对妈妈的依赖，学会承担，为自己负责任，做一个真正的男人；父亲要为这个家撑起一片天，而不是逃避责任，要学会表达与沟通，把属于自己的责任拿回来，做儿子的好榜样。整个家庭共同学习，共同成长，创造幸福。

● **案例：我是老大**

◆ 案主陈述

在我的家庭中，女儿已经结婚生子，她身体很不好，我们夫妻帮她带孩子。我脾气很火爆,他们父女俩有什么说得不对的地方,我就会暴跳如雷,让他们闭嘴。女儿说我蛮横专制,认为我身心有问题,于是推荐我来参加这个课程,一方面可以进行身心疗愈,另一方面对儿童教育也有好处。我希望通过这次课程可以让我有一些改变,让家庭更加和谐。

肖然老师摆出五行图,请案主找几个人进入场内。

◆ 五行呈现

案主找出女儿代表,丈夫代表,本人代表。

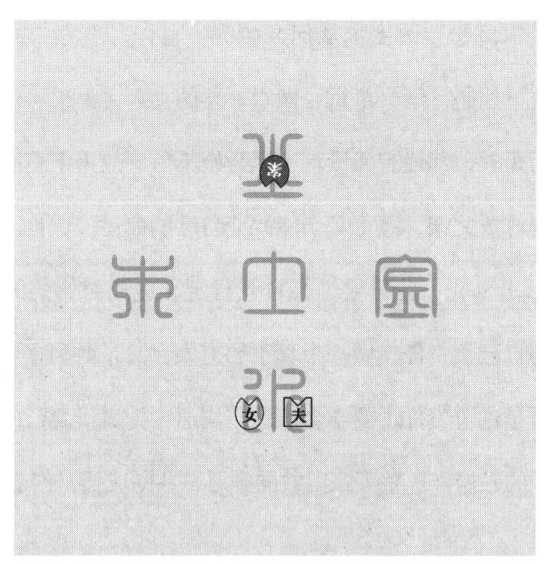

图 3-2

文字说明:案,个案代表;女,女儿代表;夫,丈夫代表。

图形说明:方形代表男性;圆形代表女性;缺口方向为脸的朝向。

随着系统运力的运动，个案代表（即本人代表）走到火位，女儿代表退到水位，丈夫也在水位。

肖然老师问每位代表的感觉。

个案代表表示后脑有点晕，右手稍微有点麻。

丈夫代表："不想看妻子。没有什么特别的感觉，好像比较平静。"

女儿代表（指了一下案主）："我就不能想她，一想她就想往后退。"

肖然老师："一想她就想跑？你与她女儿的感觉一模一样：敬而远之。"

个案代表慢慢经过土位走向水位，女儿代表开始往后退。

丈夫代表（指了一下个案代表）："她一过来，我手麻，肚子不舒服。"

个案代表慢慢走到木位与水位之间的角落，然后继续走到水位外侧。最后面对场外站立。

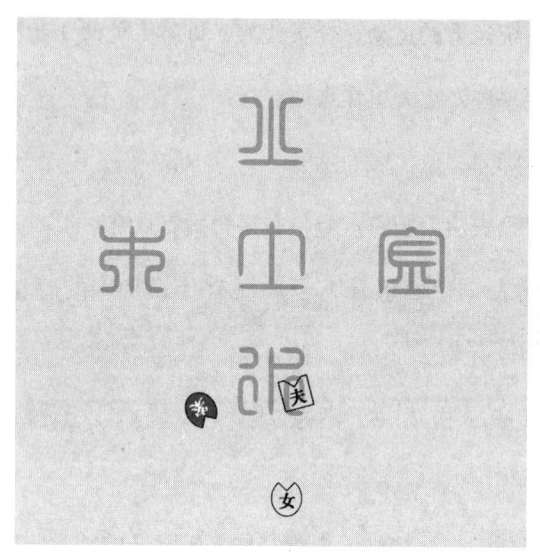

图 3-3

肖然老师（问案主）："这样过了几十年舒服吗？"

案主："不舒服。我希望能调解、改变自身，与他们都没有关系。我脾气实在不好，听到不顺心意的话就暴跳如雷。可能是心态有问题，我都快60岁了。"

肖然老师："先生难受吗？"

丈夫代表（甩动左手）："她一过来，我这个手就发麻。"

肖然老师："趁着她走了，赶紧占地方，到火位试试。"

丈夫代表："但是没有力量，也没有欲望过去。"

案主："其实我了解我丈夫，他生很多气可又离不开我。家里的外孙需要照顾，我一离开他就生气，我们之间一直是这样。"

个案代表在案主说话的时候慢慢走到女儿代表身边。

图 3-4

肖然老师（问个案代表）："现在什么感受？"

个案代表（左手摸了摸脑后）："这儿胀，然后发麻。她说的时候我有种想哭的感觉。"

女儿代表："我说一下我的感觉，听见妈妈责骂爸爸的时候，我觉得心里有点生气。听爸爸讲话的时候，心里挺难过，我觉得他很无辜、很可怜。"

个案代表慢慢走到水位，站在丈夫代表左边。

肖然老师（问案主）："你想改改吗？"

案主:"我想改啊!但是我比较急躁,很难!我具有男性的性格。虽然我身材长得小,但如果有人跟我干仗,我二话不说,伸手就来。不过和我接触时间稍长的人其实知道我的好,熟悉了就都愿意和我相处。女儿说我对亲戚朋友都好,就是对她不够好。"

个案代表(猛摇头,又用双手捂住耳朵,大哭):"不要再说话了!我不要听她说话!"

肖然老师(问案主):"你自己难受吗?"

案主:"我还行,我心态非常好。"

肖然老师:"血压、血脂高吗?"

案主:"血压不高,血糖、血脂高,中度脂肪肝。其他毛病都没有。最近一段时间我回家时都会先住到医院疗养一段时间。"

肖然老师(长叹一口气):"哎!心脏舒服吗?"

案主:"医生说有点心脏缺血。"

肖然老师:"在火位的女人,心脏会有问题,血脂和血压也会有问题。在火位的人就像火。"

个案代表双手捂着脸哭泣。

肖然老师(问女儿代表):"女儿看着妈妈这样有什么感觉?"

女儿代表:"就想看着她。"

肖然老师(对案主):"上岁数了,该变变了。你说呢?"

案主:"本性难移。"

肖然老师:"看到了吗,就是这样一个状态,需要她改变,就是回到水位。"

案主:"那我选择回到这里。"

肖然老师:"如果你放下了,你身体可能会发生变化。女儿会更加幸福,更加健康,为了她,改一改。就是三件事,把自个儿哄乐了,把老公哄乐了,把女儿哄乐了。这三件事就是你以后的工作。你觉得呢?"

案主:"是,以后听老师的,改变一下。"

丈夫代表(摇头):"但是她做不到。感觉不是从内心发出的声音。"

案主:"也能,想做的话也能。"

肖然老师:"有那么大能量怎么会做不到呢?"

个案代表:"我什么都不想说,就想安安静静地和女儿待着。"

女儿代表:"听她讲话的时候,我本来想往前走,但是听着听着就又留在这了。她老是说'但是',我就不想动了。"

肖然老师(问案主):"你愿意改变吗?"

案主:"其实我非常爱这个家,爱女儿,爱丈夫,但我有时就是想走。我不是那种温柔的人。"

肖然老师:"这和走没什么关系,和心有关系。其实他们都愿意你走。你要做的改变其实是放下,放下自我,把自己哄乐了，该干什么干什么，不要再掌权。对女儿就说一句话：我以后不再掌权。"

案主（对女儿代表）："我在家里不掌权，我以后会多关心你一点。"

肖然老师："你要学会温柔，学会放下，学会臣服，学会示弱。"

案主："我尽量努力，为我们这个家庭的和谐幸福作出一些贡献。"

肖然老师："交还角色。让她改变太难了。"

◆ 分享总结

在我们的集体无意识中，母亲在水的位置，像水一样滋养整个家庭，父亲是整个家庭的顶梁柱，起主导作用。家庭中父母的序位颠倒会对孩子的健康和心态造成不良的影响。虽然在现代社会有人认为只要夫妻双方认可水火异位的模式，就不会对家庭产生不良的影响。比如有些夫妻就享受大女人和小丈夫的分配，起码比被动的家庭影响要小些。但是我们谈论的是人类社会的集体无意识，在集体无意识中丈夫就要起主导作用。虽然意识层面可以反过来接受不同的观念，但在个人的内心深处，这个冲突的存在会反映在家庭成员的健康和关系上。

第二节 家庭冲突给孩子带来了什么?

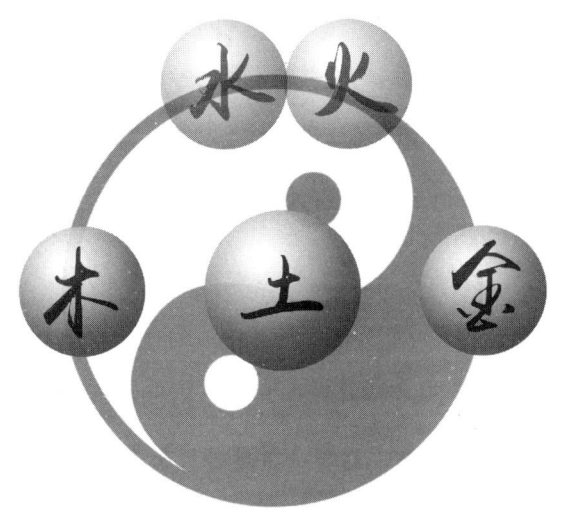

图 3-5

家庭序位的改变会对孩子产生很大的影响。有的家庭,爸爸虽然在火位,但是母亲也在火位,于是就产生了家庭冲突。如果冲突足够严重,家里女孩的脊椎就会侧弯。反过来,如果发现一个女孩脊椎侧弯,那么可知她的父母一定经常吵架。身体记载着我们的家庭关系。如果在父母的冲突中,父亲占上位,母亲强不过父亲,那么女儿的脊椎就会侧弯，男性特质多；如果母亲是强悍的，父亲也很强悍，但强不过母亲，即母亲占上位，那么儿子的脊椎就会侧弯，女性特质多。曾经有位同事非常怕他的妻子，他说过一句很经典的话："不是我怕妻子，而是妻子实在不怕我。"冲突不一样，对孩子产生的影响也就不一样。在冲突的家庭中长大的孩子往往情感疏离、淡漠。

在这样的家庭中长大的女儿会发展为承担型个体，将来在自己组织的家庭中通常也会是她掌握家庭大权，如果她嫁给一个特别强的男人，婚后也会吵架。如果男人不谦让妻子，而妻子又特别强，两个人就会争夺火位。

在水火不容的家庭中，当得不到水的滋养时，儿子（木）就容易脾气暴躁，做事不稳重，没有担当。长时间得不到水，木就会凋零，无法长成参天大树。在五行制化中，水克火，火克金，从而让女儿（金）不致偏衰。在水火不容的家庭中，如果火占上风，出现火乘金（女），就会让女儿变得软弱；如果家庭中还有儿子，正常应该是金克木，当金无法克木，就会出现木反侮金的情况。所以，当一个人说她在家被弟弟欺负时，我们就知道她的家庭一定出现了问题。如果是水占上风，则金不受火克，金成硬金而强。

在这样的家庭中，夫妻要学会沟通，通过有效的沟通来解决问题。要看到彼此的期待：女人需要被关怀，男人需要被尊重。男人要学会温和而坚定地守住自己的主导位置，承担起家庭中属于自己的责任；女人要学会放手，放下不属于自己的责任，学会示弱。示弱是一门学问，它展现的是你的智慧，智慧的女人懂得如何生活！争吵是最容易的，却会导致痛苦的人生，在带给自己烦恼的同时，也带给孩子很大的心理伤害。为了孩子，为了整个家庭，更为了自己，女人需要去学习改变，改变原有的模式，迎接新的生活，建立和谐健康的家庭。作为子女，要从成长中改变，在原来的创伤中找到积极的资源，改变自己，重新理解父母，学习新的处事模式，过好自己将来的婚姻生活，从而使整个家族向好的方向发生改变。

● **案例：冲突中长大的孩子**

◆ 案主陈述

我成长在一个充满冲突的家庭，从小父母关系就不好，整天争吵，水火不容，感觉他们的关系已经名存实亡，我与弟弟的关系也不好。我想解决家庭中几个人的关系。

◆ 五行呈现

案主请出母亲代表，父亲代表，弟弟代表，个案代表。

父亲代表径直走到火位。母亲代表先来到火位，然后在金火之间走动。弟弟退到了外面，个案代表在金位。

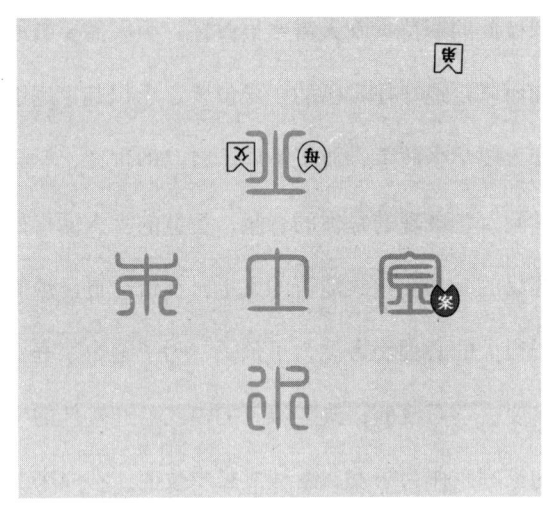

图 3-6

文字说明：案，个案代表；母，母亲代表；父，父亲代表；弟，弟弟代表。

肖然老师："这个五行位置显示父亲是强势的，母亲可能很弱，在用愤怒表达着自己的恐惧。"

案主："有可能是这样。有时候她有恐惧，会把对爸爸的愤怒转移到我身上来。我弟弟有时候也会有愤怒，他的愤怒是朝向父母两个人的。"

肖然老师："你要改变什么呢？"

案主："我感觉我和父亲的关系是和解了，但我和母亲的关系始终没办法和解，和弟弟也无法沟通。"

肖然老师："你对妈妈想说什么话？对你的妈妈有多少

抱怨?"

案主(对着母亲代表):"妈妈,请你不要什么事情都往我身上压,我也需要自由。"

个案代表在金位向外侧走了两步,身体向后倾斜。

肖然老师:"你到底想要什么,你看你的姿势想要什么?想退吗?想退又想进?身体是什么感觉?"

个案代表:"好累啊,累得不得了。眼睛模糊看不清,很想睁开眼睛,但睁不开。感觉有一种力量把自己往外推,两只脚却像钉了钉子,不能动,身体就这样往后弯。"

肖然老师(对案主):"你是不是想找男朋友?"

案主:"是的。"

肖然老师(对大家):"她的身体姿势表达出她在寻找爱,寻找男朋友。眼睛是模糊的,眼睛在寻找。"

肖然老师(指了一下个案代表,对案主说):"告诉自己:'我想找男朋友结婚。'"

案主:"我想找男朋友结婚。"

肖然老师(问个案代表):"怎么样,身体舒服吗?"

个案代表:"看不清,一片模糊。"

肖然老师(问案主):"没有心仪的男朋友是吧?"

案主:"对。"

个案代表屈着腿慢慢走到父亲代表身边。

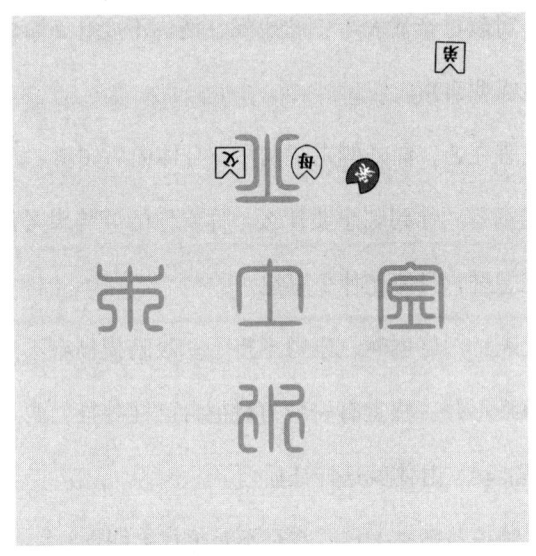

图 3-7

个案代表（指了一下金位）："感觉在金位不怕妈妈，在火位边反而怕妈妈。"

母亲代表："我很奇怪，我总想盯着水位，别人的位置我都不在意。"

个案代表又屈着腿慢慢走回金位。

个案代表："我就想找个爸爸这样的，但又怕妈妈，又想乖乖地回到金位。一直纠结着。"

肖然老师（问案主）："爸爸是什么样的人？你想对爸爸说什么？"

案主："爸爸忠厚正直。我想对爸爸说'我以前很讨厌你'。

个案代表:"她说了这句话,我的心一下就舒服了。"

肖然老师(问案主):"你愿意接受你的妈妈吗?"

案主:"我对我妈妈是接受的,但妈妈总是拒绝我。"

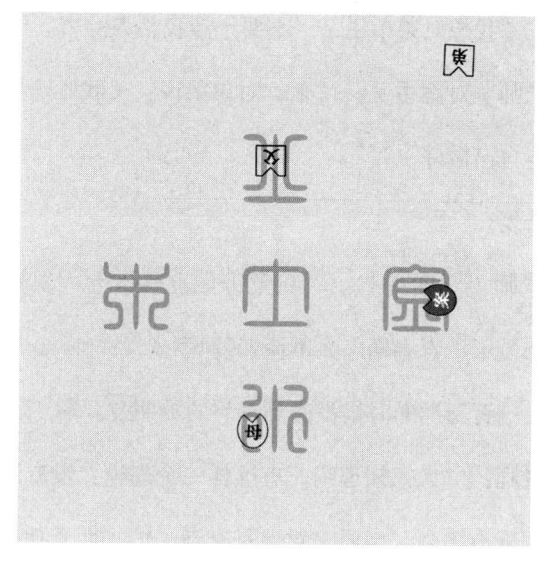

图 3-8

肖然老师:"来,我带你与妈妈说几句话,看妈妈有没有变化:'妈妈,我长大了,我很爱你,我愿意接受你是我妈妈。'"

案主重复。

母亲代表慢慢走回水位。

"我在接受你是我妈妈的同时,也接受你给予我的一切。"

案主重复。

个案代表说完,母亲代表表示感觉舒服了很多。

弟弟代表表示有点晕眩。

肖然老师（对大家）："他（指弟弟代表）也是模糊的，他们家是战争家庭。"

案主："我想对弟弟说，'不要干涉我私人的事。'"

肖然老师（对案主）："来，对弟弟说：'我不需要你，我自己的事情能自己做好。'"

案主重复。

肖然老师（对案主）："我觉得你也就十七八岁吧？正值妙龄，该谈恋爱了。青春期怎么不谈恋爱呢？"

案主："青春期的时候没碰到理想的男朋友。"

肖然老师："大家知道吗，有这样一个理论：没有无缘无故的恨，有多恨就有多爱。她原来对爸爸充满了恨，而爱却被压抑在心里。（对案主）来，学我说：'爸爸，我很爱你，我用我的人生来证实我有多爱你，我要找一个你这样的男人。'"

个案代表说完这些话后，双腿无法站直。

肖然老师："其实当人有这种想法的时候是有罪恶感的。"转过头继续带着案主对爸爸一句一句倾诉：

"我把你还给我妈妈。"

"只有妈妈才能配得上你。"

"因为你需要战争，而我不需要。"

"我需要一个宽厚正直、不和我吵架的真正的男人,我愿意去寻找。"

案主重复肖然老师的话。

肖然老师:"你想对弟弟说什么?"

案主:"我想跟弟弟说,他只要做好他自己就可以了。"

肖然老师(问弟弟代表):"可以吗?"

弟弟代表:"不知道。我感觉小腿比较软。"

肖然老师(对大家):"在冲突家庭中长大的孩子没有归属感,都是无力的。她弟弟内心也有很多创伤,需要成长。"

个案代表依然保持着屈腿的姿势。

肖然老师(问大家):"她缺什么大家知道吗?是父母的支持。"

肖然老师(问案主):"当爸爸妈妈都在看着你的时候,什么感觉?来,走到你自己的代表跟前。"

案主来到个案代表面前。

肖然老师:"你想对她说什么?"

案主:"我可以做好自己。我长大了,可以照顾你和爱护你。"

个案代表依然无法站直。

肖然老师:"面对着你自己讲,不要对我讲。"

当案主与个案代表面对面的时候,个案代表后退两步,然后屈膝半蹲着，抬头仰望。

案主："我已经长大了，可以做好我自己。我让爸爸妈妈去过他们自己的生活，我会过好我自己的生活。"

肖然老师："闭上眼睛，回想一下你从小到大所有的经历，那就是你自己。你可以叫她一声。你觉得看到的自己有多大？"

案主："二十岁吧。"

个案代表蹲下，头埋在两膝之间，一手撑地，一手放在膝盖上垫着头。

肖然老师："你仔细看着她，她更小。看到了吗？她很小，她有多大？"

案主："我觉得不知道该说什么。"

肖然老师："她一直在那里。对她说：'我来看你了。'"

案主重复肖然老师的话。

肖然老师："你看到她在做什么？你试着慢慢走近她，蹲下身子。"

案主往前挪动两步，靠近个案代表，慢慢蹲下，抱住个案代表。

肖然老师："告诉她：'我陪着你，陪着你去经历所有的一切。陪你重新长大，陪你经历所有的恐惧。我把你放在心里最重要的位置，再也不离开了。'"

肖然老师（请案主陪着个案代表站起来）："对她说：'我

长大了，可以保护你，我陪你去看看妈妈，去走近妈妈。'"

个案代表和案主慢慢向母亲代表走去。

肖然老师："你可以像孩子一样走近妈妈，妈妈在等待你。"

案主和个案代表相扶着一起来到母亲代表面前。

肖然老师："说'妈妈，抱抱我。'"

案主："妈妈，抱抱我。"

母亲代表和案主、个案代表三人相拥在一起。

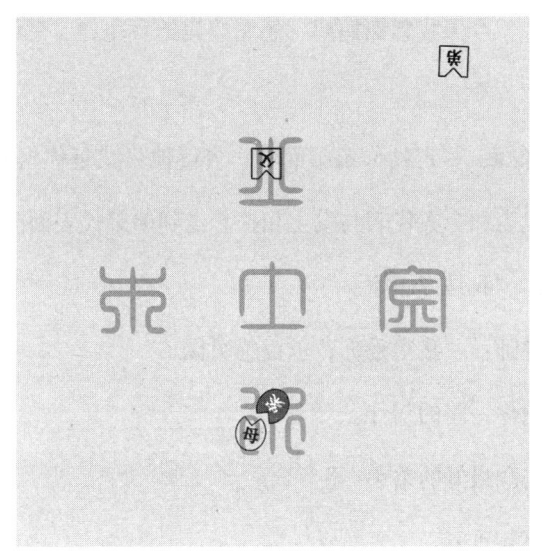

图 3-9

肖然老师："你今天可以在妈妈怀里待一会儿。叫一声：'妈妈，我一直渴望你的怀抱。'"

案主："几十年了，我一直渴望这个怀抱。我长大了，但我在你面前依然是孩子，是你的女儿。"

肖然老师："孩子对母亲的怀抱一直是渴望的。今天，你可以把你的委屈都说出来。"

肖然老师："今天你真的长大了，是吗？爸爸妈妈其实就在你的身体里，他们用不同的方式爱着你，给了你别样的人生。那所有的经历以及痛苦、恐惧、伤害，都是你的资源，是你和别人不同的地方！"

案主："今天我感谢妈妈，感谢妈妈给我生命，感谢妈妈给我的一切。"

肖然老师："走到你弟弟面前，告诉他：我是你姐姐。"

母亲代表和个案代表与案主相扶着走到弟弟代表面前。

案主："我是你姐姐。"

肖然老师："我很爱你，也很感谢你。"

"感谢你一路的陪伴。"

"你是我最好的弟弟。"

案主逐句重复。

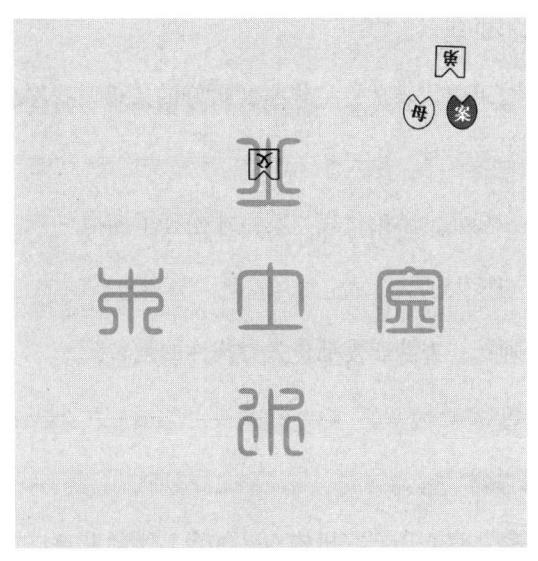

图 3-10

肖然老师（对弟弟）："伸出手来，给她一个拥抱。"

弟弟代表与案主拥抱在一起。

肖然老师："在家庭关系中，只要你放下不适当的期待，放下那些伤害、怨恨，爱就可以重新流动。去回顾一下和弟弟经历过的所有时光，他是你这么多年来真正的陪伴。你想对弟弟说什么，用你的心讲出来。"

案主："我想对他说：'你小时候其实很好，长大后就变了，变得粗暴不讲理。'"

肖然老师："变得粗暴不讲理。其实他还是那个弟弟，他学会了爸爸的粗暴不讲理。告诉他：'你是我最好的弟弟，我愿意爱你,虽然你不讲理。'"

案主(对弟弟代表):"你是我最好的弟弟,我愿意爱你,虽然你不讲理。"

过了好一会儿,弟弟代表与案主才松开了拥抱。

案主:"长大了。"

肖然老师:"去谈恋爱吧,去寻找你的爱。"

交还角色。

◆ 分享总结

曾有一家儿童心理研究机构对3000余名学龄儿童进行了一次心理状况调查,其中有一条是:"你最怕爸爸妈妈的是什么?"回答最多的是:"我最怕爸爸妈妈生气,怕他们吵架。"夫妻经常吵架,家庭经常处于紧张状态,会给孩子带来巨大的压力。在这样的氛围中,孩子生活得很压抑,为了回避父母吵架带来的痛苦与恐惧,很多孩子不得不将自己封闭起来,变得麻木、孤独、冷漠。

第三节 爸爸去哪儿了?

图 3-11

在中国传统文化中,男主外,女主内。男人要在外建功立业,家庭是排在后面的。到了现代,社会还是普遍认同这样的观念,很多家庭中的父亲都是缺席的,每天忙于事业,不见人影。很多家庭的孩子都有这样的印象:虽然和爸爸在同一个屋檐下,但是早上爸爸还没起床自己就去上学了,晚上自己睡觉后爸爸才回家,都没几次机会见面。这样家庭中的孩子普遍腰椎塌陷，容易自卑、抑郁和焦虑，认为父亲的支持和陪伴不够。我观察到，大多数国人都腰椎塌陷，而西方人和非洲人的臀部却往往比较丰满，腰椎结实又富有弹性，这与他们对家庭的重视是分不开的。

日本受中国的影响比较大，也是父亲缺席的典型国家。我曾经看过一篇报道分析日本男性高自杀率的原因，其中一个就是家庭中父亲的缺席。在20世纪，多数日本男人下班后并不会直接回家，而是去酒吧喝清酒。在他们的观念里，男人下班后直接回家是没有能力的表现，会让人瞧不起。但他们这样做却产生了一定的代价，那就是家里的男孩往往会产生性格缺陷，变得不自信、抑郁，普遍缺乏担当，畏缩，无法长成一个真正的男子汉。前几年，由于工作关系我遇到一些日本职业男性，询问他们的加班情况或者下班后的情况，他们说日本已经开始意识到这个问题，父亲开始慢慢回归。

一般来说，父亲具有独立、自信、自主、坚毅、勇敢、果断、坚强、敢于冒险、勇于克服困难、富有进取心、乐于合作、热情、外向、开朗、大方、宽厚等个性特征。孩子在与父亲的交往中，一方面感受着父爱，模仿、学习父亲的言谈举止；另一方面，父亲也在自觉或不自觉地培养孩子的个性特征，对男孩的要求往往比较严格。母亲则往往具有温柔、善解人意、包容、忍耐、稳重、细心、易焦虑或谨慎等个性特征。从五行系统来看，火不在位，树木得不到阳光的照射，就会长得比较低矮、柔弱，儿子身上就会更多地继承母亲的水性特质——温柔、忍耐、稳重、细心，但缺乏从父亲继承而来的大度、坚定、勇武等特征。而金无火克，则为硬金，女儿容易变得好强、好斗、富有攻击性，总是试图充当家庭中缺少的男性角色，容易有恋父情结，偏爱大叔类型。

● 案例：我需要父亲的力量

◆ 案主陈述

我想解决我现在的家庭问题。我觉得我的先生好像一直长不大，太像小孩！家庭中凡事都是我在操心，他什么都不管。我很累。他不但什么都不管，还把很多事情交给他父母来做，比如小孩有什么状况了，他只会喊"爸，我儿子怎么了"或是"妈，我儿子怎么了"，他自己什么都不做。

◆ 五行呈现

案主依次找出丈夫代表，个案代表，儿子代表，婆婆代表，公公代表。

丈夫代表来到木位，接着在场内游荡，而后来到水位，跟着个案代表走到金位后又退到场外；个案代表出来后去到水位，慢慢往场外退；儿子代表来到金位；婆婆代表在土位转圈，接着一只手支撑着头，后又开始快速转圈，然后倒下；公公代表在水位外侧一直站着,婆婆代表倒下后开始绕场往后退着走。

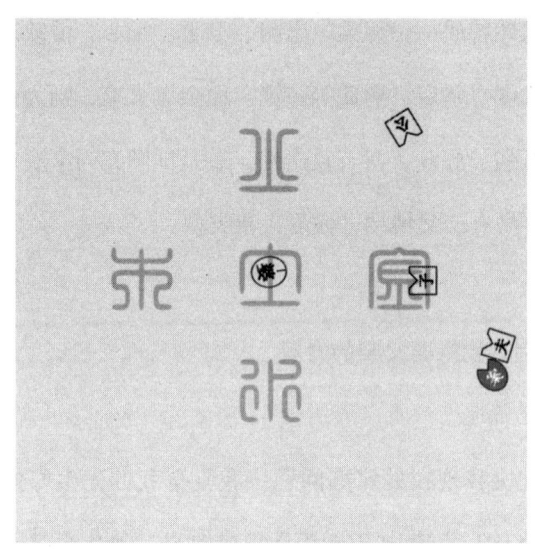

图 3-12

文字说明:案,个案代表;子,儿子代表;夫,丈夫代表;婆,婆婆代表;公,公公代表。

图形说明:方形代表男性;圆形代表女性;缺口方向为脸的朝向;无缺口则为躺倒在地。

肖然老师(问案主):"你婆婆怎么了?"

案主:"我婆婆挺好的呀,没什么啊。"

案主表示这场景完全不像心中对家庭的理解。

儿子代表感到头晕。

肖然老师:"你和你的感觉待一会儿,去感受你的感觉。"

儿子代表被丈夫代表拉到场外。

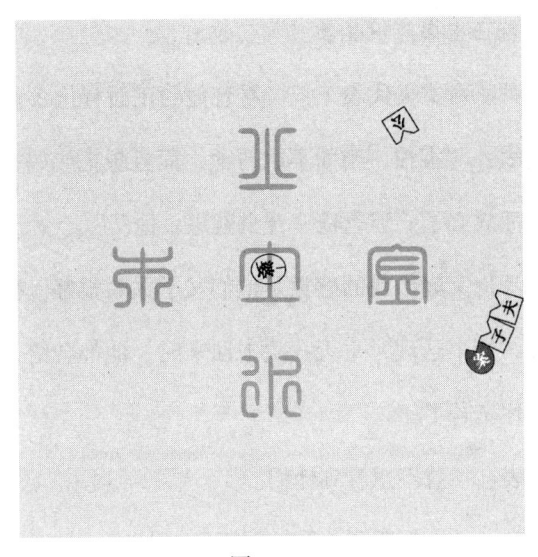

图 3-13

肖然老师："你看发生了什么？"

案主："我们的小家庭好像特别想离开这个地方。"

肖然老师："丈夫代表什么感觉？"

丈夫代表："正面看着父亲感到害怕，背面想杀他。"

肖然老师："对他说：'我想杀你。'"

丈夫代表（对公公代表）："我想杀死你，你死了最好。"

公公代表（手指了一下火位的方向）："我刚才走到那边的时候感到浑身发冷。"

案主："很诧异，非常诧异。因为我们的家庭平时很和睦，爷爷也是一个很有担当的人，婆婆没什么心机，比较开朗，对儿子非常控制，但现在也很尊重儿子。"

肖然老师（对丈夫代表）："看着他的正面有什么感觉？"

丈夫代表："害怕，当面不敢看他，而且想把妈妈拉走，当妈妈倒下后反而放心了。但爸爸一转身就想杀他。"

案主："但家庭给我的感觉是他们父子关系很好。孩子的爷爷经常带学生，知书达理，每天我丈夫回来时，他都会给儿子开门，说：'儿子你辛苦了。'"

个案代表："我不想看到他们。"

婆婆代表："太舒服了，躺着舒服了。"

肖然老师："这个动力只呈现真相。婆婆这种躺着的状态表示什么都不管。"

案主："的确，我婆婆是那种什么心都不操的人，被我公公一直宠着。"

丈夫代表："那他该死。"

案主："这么说有一点点感觉了，因为有时我对丈夫说'你爸妈特别好'，他就会回答'你没见我爸以前做过什么'。"

肖然老师："它呈现了你丈夫的原生家庭中存在的一种冲突。当儿子对爸爸表现出憎恨时，他的儿童自我就出现了，他不愿意被别人控制。"

案主："我觉得这个家庭图呈现的确实也是我心里所想的。我还是希望我们的小家庭能够比较和睦。

肖然老师:"那你走到丈夫面前,告诉他:'老公,我愿意听你的,放下对你的控制。'"

案主重复。

肖然老师(问丈夫代表):"老公有什么感觉吗?"

丈夫代表:"她有点像我爸爸。"

肖然老师(对大家):"对,妻子站在爸爸的位置,丈夫就会把对爸爸的害怕和恨投射到妻子身上。"

肖然老师带着案主对丈夫代表诉说:

"我是你的妻子,不是你的爸爸。"

"我要做一个温柔的女人。"

"我会爱你。"

"回家吧!"

婆婆代表站起来,走到站在水位的公公代表身边,公公代表伸手搂住婆婆代表。丈夫代表渐渐往金位走。

丈夫代表:"当我走近她时,我觉得她有点害怕我。"

丈夫代表继续靠近案主。案主往后退。

肖然老师:"你要的不是男人,当一个男人真的有力量的时候你是害怕的。这是你的潜意识。"

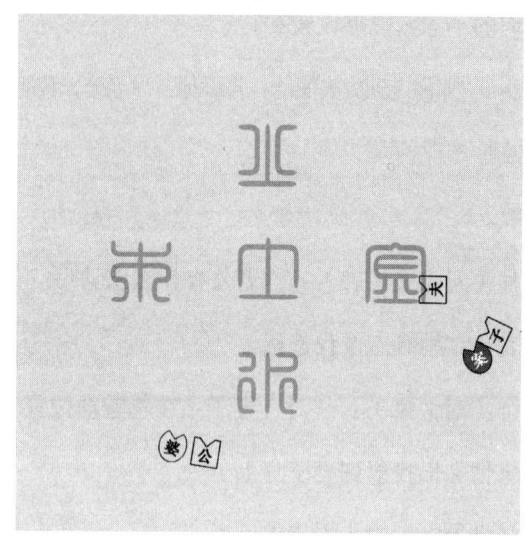

图 3-14

丈夫代表:"我觉得我就是她的父亲。"

肖然老师(问案主):"想起爸爸时你是什么感觉?"

案主:"说不上来。我妈妈挺强势的,我也挺优秀的。"

肖然老师:"闭上眼睛,想想你的爸爸。"又对还在场外的个案代表和儿子代表说:"你俩愿意走进来了吗?"

儿子代表与个案代表来到场边,与丈夫代表一起站在金位外侧。

肖然老师从场下学员中拉起一个学员站到火位,然后对案主说:"假如你的父亲就在这里,你想对他说什么?"

案主:"我想得到父亲的力量。"

肖然老师:"你想得到父亲的力量。叫一声'爸爸'。"

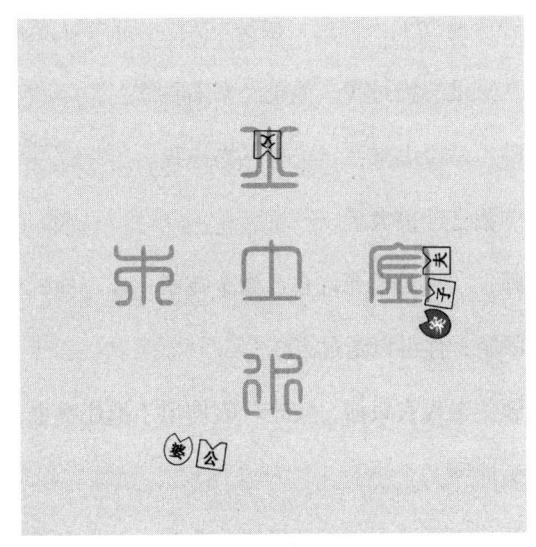

图 3-15

文字说明：父，父亲代表。

案主："爸爸。"

肖然老师："对爸爸说：'我很渴望你能给我一些力量。'"

案主："爸爸，我很渴望你能给我一些力量。"

肖然老师请案主试着走近刚刚站在场内的父亲代表。

案主："当我走近他时，心情好了很多。"

肖然老师："你走近过父亲吗？"

案主："很少，几乎没有。"

肖然老师："闭上眼睛。回顾一下你曾经很崇拜的父亲，但你很难走近他。你今天可以允许自己像个孩子，与父亲分享你的渴望。"

案主（轻声抽泣）："我父亲是军人，以前军人是不许抱小孩的，所以他从来没有抱过我。他也经常不在家。"

肖然老师："说出来：'爸爸，抱抱我。'"

案主："我已经很大了。"

肖然老师："你可以允许自己像个孩子一样。他就在那里，等着你。闭着眼睛，你可以走过去。"

案主走到父亲代表跟前，父亲代表伸出手抱住案主，案主趴在父亲代表肩头抽泣。

肖然老师："可以在爸爸怀里待一会儿。你是爸爸的女儿，爸爸允许你成为女人。"

待案主从父亲代表肩头放开后，肖然老师说："转过头去，看着你的丈夫和家人，爸爸就在你的后面支持着你。对你丈夫说：'我相信你是个男人。'"

"我需要的男人。"

"我给你自由。"

"给你支持。"

"做你的老婆。"

"你愿意吗？"

案主逐句重复肖然老师的话。

案主走到丈夫代表面前，拉起丈夫代表的双手，然后与丈夫代表相拥在一起。

肖然老师:"当允许自己成为女人的时候,你就有资格得到丈夫。现在我们去了解儿子代表的感觉。"

儿子代表:"我站在这里(金位)会头晕。"

肖然老师:"站在那里就不晕了是吧?"转过来对案主说:"来,用手拉着你丈夫的手,看着爸爸妈妈。"然后问丈夫代表:"你还想杀他吗?"

丈夫代表:"其实到后来我看她就有点难过,看到她和她父亲得到和解之后,我觉得我也需要得到她的爱。"

肖然老师(指了一下案主):"是的,她会给你。这是家庭能量,它以爱的形式带来了伤害。当我们接受了爱,放下了仇恨,爱就可以重新流动。"

肖然老师(对案主):"你会有一个和谐的家和一个负责任的丈夫,做这个排列你丈夫是会有感觉的。"

肖然老师:"大家交还她角色。"

肖然老师:"大家知道她腿为什么不好吗?因为她缺乏父亲的支持。我相信她的腿能好,相信她能正常地走路。"

◆ 分享总结

肖然老师请各位代表讲一下自己的感觉。

婆婆代表:"我一走进五行图就天旋地转,特别难受,头晕得无法站立,躺倒在地后才舒服了。一直闭着眼睛,我不知道发生了什么,也不太关心他们之间的关系,后来她说话的时候我就想转过来看着我丈夫。我只在乎他一个人,其他人我都不太关心。这个能量场好像真的有一股力量推动我站了起来。我站在我丈夫身边,被他抱着很舒服。到最后,看着儿子和儿媳,我感觉到自己很关心他们,看见他们和好了,我很开心。"

公公代表:"作为刚才公公的角色,我感觉总是无法靠近土位,感觉有一股强大的力量把自己往外推,又不想往外走远,后来不知怎么身体就转着圈在走,每次走到火位的时候就感觉浑身冷。后来当儿子说出心里话后,我就定在那边,看着儿子,心里没有特别大的愤怒,但也有一定的情绪。接下来我的关注点是自己的妻子。看着她躺在那里,我就担心她会不会受凉,想过去抱抱她。最后看到儿子和儿媳拥抱在一起的时候,我感到很欣慰、很开心。听到儿子说出那些话,我心里很多的感动就涌出来了。"

儿子代表:"我第一次做这个五行排列,不了解这个过程,就完全凭自己的感觉。她说让我上去找一个自己喜欢的位置,上去后,我一眼就看到了想去的位置。站到那个位置后,我感觉比较头晕,于是我向场外走去,然后头晕的感觉就消失了。"

个案代表:"我是代表她本人。刚刚进场时,因为她说自己可能在火位,我就尝试走到那里去,但又感觉要走出来。走到这里稍微舒服一些，但是我不能看他（指父亲代表），看到他马上就想转过去，就是不喜欢他。最后你在说一些话的时候，我全身发麻一直到头部，眼泪就自然地流了下来，这时候我知道你是真心的。你说完，我觉得浑身都舒服了。"

父亲代表："我也是第一次参加这个课程。刚进场的时候有点晕，慢慢地就平静了，之后心情就很不好了。当看到'女儿'和'女婿'拥抱时，我心里非常欣慰。"

丈夫代表："作为丈夫代表，我一上场就直接想往木位走，但妻子代表一上场，我就马上跟着她一直走到外面，外面让我觉得安心。父母代表上场的时候，我感觉后面就好像站了鬼一样。我对妈妈有好感，对父亲很害怕，恐惧到想杀他。听到妻子对我说话的时候，刚开始感觉她的脸完全就不是女人的脸，而是我爸爸的脸。当她说了一些话后，我才觉得她像一个女人了，完全是一个女人站在我身边。"

肖然老师："大家愿意相信我们看到的其实就是我们心里想看到的。"

丈夫代表："那种投射的感觉特别明显。她后退的时候，我一下感觉我成了她爸爸，然后我就说出来了。而且最后你在对她进行疗愈的时候，我觉得对她先生来说也是一次疗愈。"

肖然老师（对案主）："下次带你丈夫过来听课。"

肖然老师："内在潜意识主导着我们的人生，有什么样的潜意识你就会看到什么样的世界。有的时候我们看不到对方的美，我们只看我们想看的部分。心理学是一门很神奇的学问，它会让你看到真相。我们这个排列只呈现真相，达成和解，解决问题。"

第四节　职业型妈妈，孩子需要你

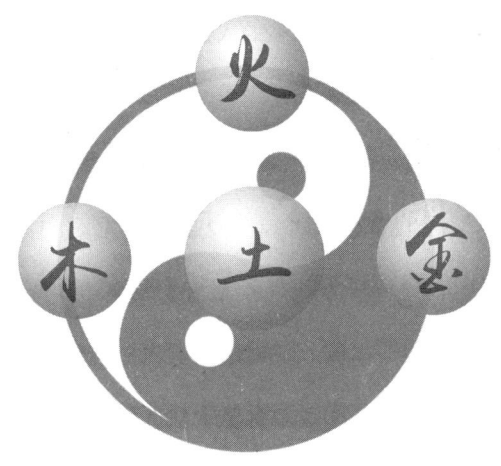

图 3-16

水不在位的家庭特点是母亲缺席。现在越来越多的事业女性像男人一样在社会上拼搏，她们充分体会到了独立奋斗带来的成就感。同时现代社会鼓励女性要经济和精神独立，这使得她们在事业和家庭的选择中常常选择事业。我们经常可以看到很多职业女性成为高龄产妇，生产后又匆忙返回职场，仅将很少的时间分给家中的孩子，给孩子的个性心理发展带来了不良影响。

无论如何强调母亲在孩子成长中的作用都不为过，尤其是在孩子出生后的三年内。这段时期母亲的缺失会让孩子缺乏基本信任感，没有安全感和资格感。幼儿时期安全感的缺失是成年后罹患神经症的人格基础。缺乏母爱的孩子往往没有爱人的能力，他终其一生都会不断追求理想母亲的爱。

值得庆幸的是，有越来越多的人逐渐意识到母亲缺失带来的危害性，也有越来越多的专业人士出谋划策，告诉职业女性如何做到事业和家庭两不误。

水滋养家庭中的所有成员，所以母亲是家庭的灵魂。母亲快乐，则家庭快乐；母亲悲伤，则家庭悲伤。当家庭中缺少水时，整个家庭就会缺乏活力，家庭成员都没有归属感，所以也有人说：妈妈在哪里，家就在哪里。木缺水容易干枯，家里的儿子容易暴躁、发怒，缺乏柔性与耐心等。水克火，火克金，缺少水的家庭，金（女儿）会被火相乘，家里的女儿容易没有安全感，特别软弱。

● 案例：没有一个完美的女朋友

◆ 案主陈述

案主："为什么每次找的女朋友我都觉得不够满意？"

肖然老师："不够满意？你希望她十全十美，有这样的人吗？"

案主："我希望她们能够像书上描述的那样，温柔体贴，会照顾人，真心地爱我。"

肖然老师："你现在有女朋友吗？"

案主："结婚了，有孩子。"

肖然老师："你觉得你爱你的妻子吗？"

案主："还好吧。"

肖然老师："她爱你吗？"

案主："我感觉不是很明显。"

肖然老师："就是你爱她，她不爱你，可以这么解释吗？"

案主："可以吧。我自己性格暴躁，这可能部分遗传了我爸爸。"

肖然老师："你想起妈妈是什么感觉？"

案主："我想说：妈妈，你辛苦了！确实辛苦了。"

肖然老师："你特别心疼你的妈妈，是不是？"

案主哭泣："嗯。"

肖然老师："想哭就哭出来，不要紧。说出来：妈妈，我很心疼你。"

案主重复。

肖然老师："妈妈真的很不容易，是不是？"

案主："是的。我爸爸性格比较懦弱，能力也不强，我知道妈妈这些年很不容易。为了家庭，从我记事起，她就经常在外出差奔波，一个月才回来几天。"

肖然老师:"对妈妈说:'妈妈,你真的很不容易。'说出来。"

案主:"我知道这么多年来,你一直很不容易……"

肖然老师:"'我很心疼你',能说出来吗?"

案主(点头):"我很心疼你。"

肖然老师:"闭上眼睛去回顾一下自己从小到大经历过的事情。"

过了一会儿,肖然老师问案主:"现在你脑海中浮现的自己有多大?"

案主:"读初中的年纪吧。"

肖然老师:"那时候发生了什么?"

案主:"那时候因为我成绩不够好,爸爸就总是和妈妈吵架。"

肖然老师:"你看着当时的自己,他很自卑对吗?"

案主:"对。"

案主沉默了一会儿。

肖然老师:"闭上眼睛,看向那个很自卑的自己,才上初中,他在想什么?"

案主:"我想替妈妈承担。"

肖然老师(将左手轻轻放在案主头顶):"看着他,对他说:'我来看你了。'"

案主没有说话。

肖然老师（将手放到案主后背）："说出来。"

案主："我来看你了。"

肖然老师（请案主一直看着那个孩子）："他在对你说什么？"

案主："他没什么朋友。"

肖然老师："他对你说很孤独。你可以看到一个更小的自己，他大概几岁？"

案主："四岁。"

肖然老师："他在干什么？有人陪伴吗？"

案主："没有。"

肖然老师："他想过死吗？"

案主："想过。"

肖然老师："看着他，你能走过去。爸爸妈妈在吵架，他非常害怕，是吗？"

案主："是的。"

肖然老师："叫他一声，叫出来，叫他的名字。"

案主："崔凯（化名）。"

肖然老师："叫他的名字，每叫一声就走近一点。"

案主（又轻声叫了一声）："崔凯。"

肖然老师："你能走近他吗？"

案主："不能，我觉得他很无助。"

肖然老师："我也陪着你，慢慢走近那个孩子。"

肖然老师从场下找出一名学员（代表A）站到场上，然后牵起案主的手慢慢走近他。

肖然老师："他离你有多远？来，叫他的名字。"

案主："崔凯。"

肖然老师："对他说：'我回来了。我来看你了。'"

肖然老师牵着案主走到代表A面前。

肖然老师："抱抱他。"

案主与代表A拥抱在一起，哭泣。

肖然老师："爸爸妈妈在吵架，告诉他们，那不是你的错。"

"你只是个孩子。"

"他们吵架跟你无关。"

"我允许你哭。"

"我带你重新长大。"

"我陪着你一岁岁重新长大。"

案主逐句重复肖然老师的话。

过了一会儿，肖然老师来到案主左边，拉起案主的左手，说："我带着你重新长大。"案主与代表A松开拥抱，也牵起手。三个人一起慢慢向前走。

肖然老师:"我们每往前走一步,就长大一岁。"

"我陪着你,去经历所有的恐惧。"

"所有的悲伤。"

"我们可以经历那次死亡。"

"我自杀过。"

"我想过死。"

"我慢慢地长大。"

"我会爱你。"

"不会离开你。"

"你在一岁岁长大。"

"长到今天。"

案主重复肖然老师的话。

肖然老师:"我带你看看妈妈。"肖然老师牵着案主和代表A走到妈妈代表面前,说:"看着妈妈,叫她。"

案主轻声叫一声:"妈妈。"

肖然老师:"我长大了。"

案主:"我长大了。"

肖然老师:"想对她说什么?"

案主:"我好想保护你。"

肖然老师:"继续跟我说:'妈妈,我也在为你活着。'"

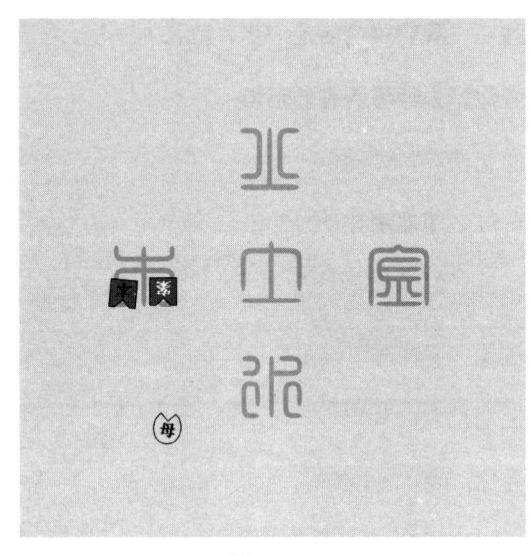

图 3-17

文字说明：本，案主本人；案：个案代表；母：母亲代表。

"我也很累，甚至想过死。"

"我今天做一个选择。"

"爱自己。"

"我也爱你。"

案主重复肖然老师的话。

肖然老师："去抱抱她。"

案主与妈妈代表抱在一起。

肖然老师："妈妈允许你为自己活着，从今天开始，你可以把妈妈的责任还给她。可以吗？你可以为自己活着。告诉妈妈：'你也要为自己活着。'"

案主:"妈妈,你要为自己活着。"

肖然老师:"我带着你做一件事情。"

肖然老师从场下找出一个学员代表案主妻子,让案主妻子站在水位。

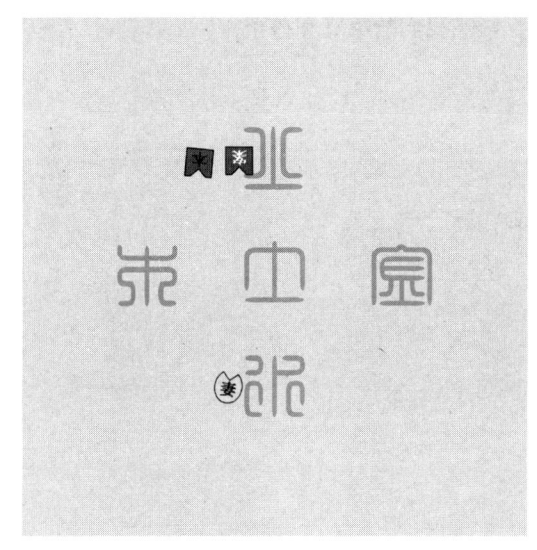

图 3-18

文字说明:妻,妻子代表。

肖然老师(问案主):"你想对她说什么?"

案主:"我想对她说:'我们重新开始吧。你是我的妻子,我不应该那么要求你。'"

肖然老师:"可以了吗?"

案主点点头,回到座位。

◆ 分享总结

肖然老师:"他以前在找对象时,潜意识里是想找个理想的妈妈,只有理想的妈妈才会无条件地爱孩子。但是这样的妈妈是不存在的。当我们看到童年时期父母给我们的创伤时,我们不应该去责怪父母。我们现在能做的是自我成长,不要让这样的创伤继续影响我们的人生,影响我们的家庭和孩子。"

第五节　没有长大的爸爸

图 3-19

有一种家庭是这样的：父亲不负责任，缺少担当，随性贪玩。母亲像是嫁了一个儿子，又当爹又当妈，操劳过度，在火位也在水位。如果父亲在儿子的位置，儿子就会去到父亲的位置，被迫担起父亲的职责，成为承担型的儿子。这样的儿子后背是厚的，喜欢控制他人，对他人缺少尊重，在企业或群体中的人际关系往往比较紧张，和领导很难相处。儿子在潜意识里与母亲成了夫妻，但母亲爱的是儿子，而不是这个"丈夫"。母亲容易心脏不好，内分泌失调。女儿还会在原来的金位，与父亲成为玩伴，贪玩多变。

这类家庭中的父亲需要成长，毕竟一个没长大的孩子在骨子里很难为自己负责。一个人最终要长大。既然已经为人父母就应该学会负责任，有担当，为整个家庭、也为自己的人生负责。这类家庭中的母亲要学会爱自己，把不属于自己的责任尽量还给丈夫。可是如果丈夫就是不肯成长、不负责任怎么办？记住，没有谁能代替别人的人生，让一个不负责任的人为他自己的行为负责是对他最好的帮助。姑息养奸，当有一天你为了整个家庭付出一切的时候，他有可能会做出更不负责的事情来！关爱自己，给对方成长的机会，这也是一种爱。这类家庭中的儿子更要学会尊重。因为尊重别人也是对自己的尊重。父亲再无能，再不负责任，他也是父亲，要尊重他给自己的生命，以及其他的一切。女儿要学会理解母亲的不容易、父亲的不知事，学会独立，学会担当。

● **案例：为何男友都离开我？**

◆ **案主陈述**

一开始，我觉得我的家庭挺简单的，只有外公、外婆、父母和我。我之前谈过恋爱，发现我和妈妈生气的时候很相似。我谈恋爱时，男朋友都是在我不知道的情况下离开的，对此我想看看是什么原因阻碍了我去建立亲密关系。

◆ 五行呈现

肖然老师："你现在选一个人作为你的男朋友放在火位上，你自己站在水位上，试试。"

案主："我们的关系好像不是这样的。好像是我在火位？"

肖然老师："可以的，你站火位，找一个男朋友站水位。"

案主环视了一下四周，找了一个人当男朋友代表并让他站在水位。

肖然老师："你站这儿有感觉吗？放松一下，紧张了快20年了。"

案主："有，但我好像不太喜欢这种居高临下的感觉。"

肖然老师："但是你确实选了一个居高临下的位置。"

男朋友代表："臀部骶骨这里有烧灼的感觉。"

肖然老师："好。进入感觉，看看会怎么样。"

案主站在火位似乎一直很紧张，不停地笑，过了一会似乎平静下来了，闭上了眼睛。男朋友代表向后退了两步。

肖然老师："走了？再换一个？"

后来依次又上来第二个、第三个男朋友代表，都相继后退而后离开。

肖然老师问案主："他们都离开了，你有感觉吗？"

案主："我好像不要紧。"

肖然老师："你是在自己世界里的孤独的孩子，也可以说是一个自闭的孩子，这个自闭的孩子经常窥视别人，透过一条缝隙观察这个世界是否安全。你觉得呢？你还记得你小的时候吗？就这5个人，他们怎么对待你？"

案主沉默。

肖然老师："这样吧，我们摆一个图看看。凭感觉找出你家里5个人的代表。"

母亲代表似乎不知该站在何处，先是站到中间，然后走到了水位。

案主："我妈妈应该是在火位，与我爸爸争抢火位的位置。"

母亲代表走到火位，感觉比较舒服。

案主："是不是因为我妈妈强硬，我也变得强硬？"

父亲代表走到木位站立。

个案代表站到木位。

肖然老师："女儿可以跟爸爸在一起成为好朋友。你与爸爸关系如何？"

案主："蛮好的。"

肖然老师："等于你妈妈有两个孩子。"

个案代表慢慢从靠近水位的方向经过土位，又从土位与火位中间走过，到火位与木位之间角落。外公代表在土位绕外婆代表走了一圈。父亲代表待个案代表经过火位与土位中间后开始走向个案代表，个案代表站定后，父亲代表围着个案代表绕圈。

肖然老师："爸爸在跟你玩。你俩是好朋友，妈妈就会指责这两个人。"

图 3-20

文字说明：案，个案代表；母，母亲代表；父，父亲代表；外婆，外婆代表；外公，外公代表。

案主："妈妈经常说上梁不正下梁歪，先是骂一个人，后来两个人一起骂。"

个案代表与父亲代表在木位与水位之间的角落不停地围绕彼此转圈。

肖然老师（对大家）："看，他们俩转得多好。她很难找到男朋友！"

外公代表慢慢向后退，退到水位外侧。又走回土位，然后慢慢围着外婆转圈。

肖然老师问："她说她在火位，大家信吗？"

案主："我在火位是被逼出来的。"

肖然老师："如果爸爸和女儿分别在儿子和女儿的位置，那么我们基本可以断定这个女儿根本就不成熟，与男朋友相处时会不讲理。"

父亲代表和个案代表不停地绕着对方转圈，虽然感到晕眩但无法停止。

母亲代表："看着他们这么玩感觉非常累！觉得这个家没有中心，是散的。"

肖然老师（问案主）："准备这样玩一辈子？"

案主："我觉得我和爸爸没这样啊，他什么都不管，所以我什么事情都自己做啊。"

肖然老师："是啊，他只跟你玩，又不管你。我带你做一件事。跟着我对爸爸说：'爸爸，我长大了。'"

"不跟你玩了。"

"我要找其他的男人。"

"我把你还给妈妈。"

案主逐句重复肖然老师的话。

肖然老师:"不行,你不是真心的。"

案主:"可是我爸爸为什么不到妈妈那儿去呢?"

肖然老师:"这没什么问题,你爸只是像儿子。"

个案代表贴着父亲代表越转越快。

案主(对个案代表):"你快停下吧。"

案主(对父亲代表):"老爸,你快回自己的位置去吧。我其实很希望你和我妈妈过得好,晚年和谐。"

肖然老师:"仍然不是真心话!我们再给你一分钟时间,如果不停下就不管你了。"

案主(用较认真的语气):"爸爸,我非常非常希望你和妈妈好好相处,这样我才敢开始我的家庭。如果不能调解好你们的关系,那么我就不能开始自己的生活。"

外婆代表突然双手叉腰,似乎腰很受不了。

肖然老师:"依然不是发自内心。来,跟着我真心讲出来:'爸爸,我要学会对自己负责,做一个成年人。'"

"我向你告别,我要离开你。"

案主重复。

父亲代表与个案代表终于停止转圈。

肖然老师:"停了吧?当你真的去选择的时候,能量就转变了。"

个案代表与父亲代表面对面，父亲代表向前走，个案代表向后退，两人一起慢慢走到木位。

肖然老师："继续跟着我对爸爸说：'爸爸，我长大了，不跟你玩了。'"

"我有自己的生活，今天郑重向你告别，把你还给妈妈。"

案主重复。

在肖然老师带着案主说话的时候，个案代表和父亲代表一前一后慢慢走到金位，然后绕土位一圈。

肖然老师："控制总是双方的，当你总是控制对方的时候，对方也在控制着你。"

"再对爸爸说一声：'我放下对你的控制。'"

"你有自己的人生，我有我的人生。"

案主重复。

个案代表又绕着土位转了一圈，慢慢走到金位。父亲代表慢慢走到水位与木位之间的角落。

肖然老师："跟着我，继续对爸爸说：'我不能为你负责，我只能为自己负责。'"

"你的人生是你的，与我无关。"

"我比你小，你比我大。我尊重你。"

案主重复。

父亲代表慢慢从水位与木位之间的角落走到场外。

外公代表和外婆代表在土位坐下。

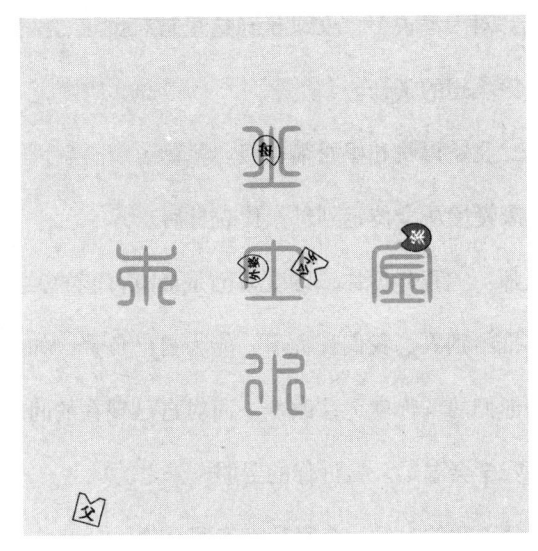

图 3-21

肖然老师（对案主）："看到了吗？你允许爸爸这样吗？他很失落。这与你有关系。对着爸爸说出来：'你的任何状态都与我无关。'"

"我去找男朋友。找一个男人，嫁给他。"

案主重复。

肖然老师从场下拉起刚才的第三个男朋友代表并让他站在案主面前，对案主说："看着他。你可以叫他老公，而不是爸爸。"

案主："老公……"

肖然老师："我要温柔。"

案主："我要温柔。"

肖然老师对大家说："女汉子在这里被打倒了，一般是爸爸承担不起他应该承担的责任。"

案主："我觉得我和妈妈很相似。"

个案代表慢慢从金位走到母亲代表身后。

肖然老师："我告诉你，改变自己是最有可能的，我们不能把任何责任都推给别人，我们长大了，能为自己负责。如果我们总说这个问题是他们的，你就无法改变。面对自己现在的问题，选择改变。可以吗？学会温柔。告诉你的男朋友。"

肖然老师说话的时候，个案代表走回金位。

肖然老师（对案主）："来，跟我说：'我要放下我的任性，我要为我的言词以及我所做的事负责任。'"

"我要学会尊重你。"

"成为成年的女性。"

"做好一个将来的妈妈。"

案主重复。

交还角色。

◆ 分享总结

肖然老师："如果在一个家庭中，爸爸还是个'孩子'，女儿就会跟爸爸一起玩,也会变成一个长不大的孩子。他们的自由型儿童自我比较强。所以家里的妈妈往往比较困惑、痛苦,感觉像养了两个孩子——一个闺女、一个'儿子'。"

"这样的闺女如果进入下一个家庭她会在哪个位置?她还是在金位,因为这样的孩子在家庭中是硬金。在她的原生家庭中,她的妈妈在火位,自己在金位,爸爸在木位,水位是缺人的。火克金,但这里火占据了木的位置,无法克金,反而被金所克,就是她爸爸被她欺负。在进入下一个家庭后,她仍然在金位,她丈夫只能在火位或水位。她会是一个刁蛮的人,叛逆性比较强,所以我们看刚才的案例中,案主找的三个男朋友都相继离她而去了。知道为什么吗?因为他们克不过她。她在原生家庭中没有被火融化过,不能变成温柔似水的女人,在下一个家庭当中,就会变成一个刁蛮的人,她的儿童型自我就会比较强。她不存在成年自我。于是在恋爱中,她男朋友就会很痛苦。"

"我让她做了一件事情,向她的爸爸'告别'。在这个过程中,爸爸离得开她吗?离不开。她离得开爸爸吗?也离不开。在关系中,控制是相互的,妈妈表现出的是指责和控制,因为只有这样,她才能管理好这两个'孩子'。因此这两个孩子都讨厌这个妈妈,并联合起来反对这个妈妈。当女儿和妈妈对立时,女儿就不能学习成为真正的女人。"

第六节　没有长大的妈妈

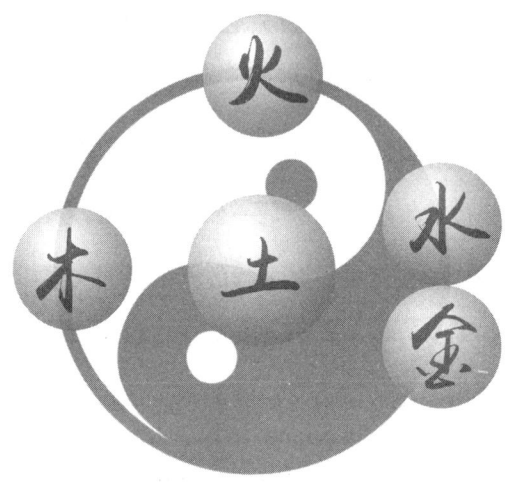

图　3-22

我们常常会看到身边有一些母亲，她自己孩子气很强，在女儿的位置。这样的母亲不成熟，稳定性差，矫情，不讲道理，总是指指点点，想做一切的主，依赖性极强，用撒泼耍赖甚至受害者的身份控制所有人。而丈夫可能会有很强的恋女心理，一味妥协、纵容妻子。女儿由于被母亲抢占了位置，只能代替母亲承担起母亲的责任，占据水的位置。由于父亲爱着母亲这个"女儿"，真正的女儿却不被关注、不被宠爱，因此女儿可能会与父亲作对，无法尊重父亲。这类家庭中的女儿时常表现得像个男人，却也具备小女人的计较，婚姻关系往往不太顺利。而这类家庭中的妈妈虽然集百般宠爱于一身，但由于她内在的不成熟，缺乏安全感，因此神经症会时常伴随着她。父亲则因长期压抑、劳累、不被关心，会有各种代谢上的问题。儿子则会因妈妈的过度溺爱而发展出软弱、无能、没有担当的个性特征，但也因此总保留着孩子般的活泼，富有想象力。

如果母亲在女儿的位置，女儿没了位置，就会来到母亲的位置。在潜意识里，女儿会和爸爸形成夫妻关系。如果女儿到了母亲的位置，她还会爱父亲吗？她不会，她会指责爸爸。她将来要找一个什么样的男人呢？找一个儿子。如果家庭中有儿子，妈妈和儿子就是玩伴，儿子会成为享乐主义者。

在这样的家庭中，妈妈需要成长，去除孩子式的贪心，学会关怀包容，接受自己是个成年人的事实。由于自己无理取闹而给整个家族带来问题是很可悲的。没有人可以为你负责，只有自己能为自己负责。

女儿要学会放下母亲的责任，尊重自己，允许自己为自己活着，把责任还给母亲，相信母亲可以照顾好自己的人生。虽然很爱母亲，但是女儿要为自己的人生而不是为母亲的人生负责。

儿子要学会承担，脱离母亲的溺爱。母亲的溺爱源自她自己的需要，潜意识里不希望孩子长大，永远陪着自己。儿子要看清这一点，与母亲在心理上分离。母爱之所以伟大就是因为分离，孩子只有脱离了父母才能变得成熟，才能为自己的人生负责，成为独立的人。

父亲要学会以稳重的态度对待这个被惯坏的母亲。对一个不成熟的"小女孩"，如果一味地妥协，那么只会助长她的无理取闹，就像癔症患者被过多关注反而会加重病情一样。这样的妈妈需要的是适当的冷淡和挫折，那才是对她的帮助。

● 案例：想建立亲密关系的女生

◆ 案主陈述

案主："我单身，没有男朋友。我始终觉得我的亲密关系有问题。我小时候，爸爸一直不喜欢女孩，把我当男孩养，老觉得我不争气。我爸爸非常严厉，常常一巴掌就下来了。虽不至于天天挨打，但我感觉不到被爱。因为在外婆家长大，所以我感觉外婆就是我的妈妈，她是世界上最疼我的人。一直到我十三岁那年，她得了癌症，过了三五年她就去世了。我妈妈在那时得了肾炎，不能干重活，于是爸爸承担了家里所有的家务。他是个好男人，很宠我妈妈，再大的事情都惯着她，在我看来，她才是女儿……"案主停顿了一下。

肖然老师接过案主的话："而我是妈妈。"

案主："有点。有时候心里会吃醋，感觉很不平衡，妈妈夺走了我的爱。"

肖然老师："但妈妈觉得你夺走了她的爱。"

案主："可能吧。这段时间家庭关系有点变化，爸爸没有像以前那么严厉了，对我的态度也好了很多，我渐渐觉得可以接受女儿这个角色了。妈妈则在女儿和妈妈两个角色之间漂移。因为生病，大家都宠着她，但她其实很强势，我感觉她和我爸爸都处于火位。"

肖然老师："如果妈妈在女儿的位置，是不讲道理的强势；如果妈妈在火位，是控制的强势。你觉得你妈妈是控制的还是不讲理的？"

案主："可以说在两者之间。今年我外公也查出得了癌症，我有时候要照顾他。印象中，爸爸以前是一家之主，到现在好像被妈妈骂得很懦弱，与从前完全不一样了。我和妈妈都觉得爸爸变笨了。平时家里的事情都是妈妈作主，只有在重大的问题上，比如买房子，爸爸才会作主。我想解决的问题是如何建立长久的亲密关系。相亲也好，自己找的也好，很多次都是失败告终。我好像无法相信别人，无法建立安全感。另外，我身体不好，有强直性脊柱炎。"

肖然老师："你现在可以摆你们家的家庭图。"

◆ 五行呈现

案主找出外婆代表，爸爸代表，妈妈代表，本人代表。

父亲代表进入五行图站在火位。外婆代表先走到土位，好像站不稳，于是往右边金位退了几步，慢慢倒下，侧卧在金位与水位之间。母亲代表从水位慢慢走到木位，站在木位外侧。个案代表在水位外侧站了一下，倒下，坐在地上。

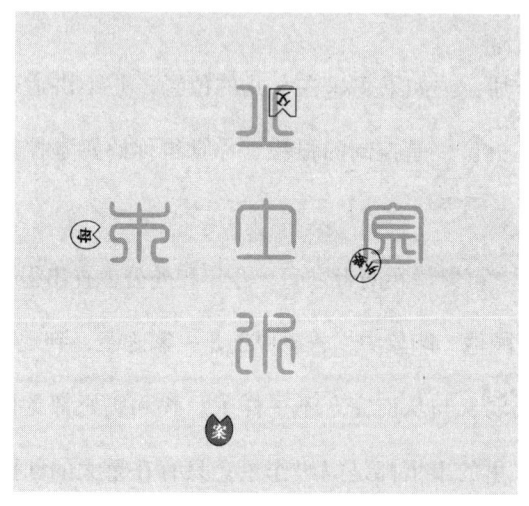

图 3-23

文字说明：案，个案代表；母，母亲代表；父，父亲代表；外婆，外婆代表。

图形说明：方形代表男性；圆形代表女性；缺口方向为脸的朝向；无缺口则为躺倒在地。

肖然老师："你有什么话要向外婆讲吗？现在可以讲。她能看见，也能听到。"

案主:"外婆,我好想你!你怎么那么早就走了呀,你走后再也没人对我那么好了。他们都不爱我。"

案主走到躺在地上的外婆代表身旁蹲下:"外婆,你为什么要离开我!外婆你好吗?我很想念你。我长大了,你却不在了,不能领受我的孝顺。那个老房子里面只有你的遗像,什么也没有。"

母亲代表走到水位面朝外婆代表跪下。左手轻轻地放在外婆代表身上。

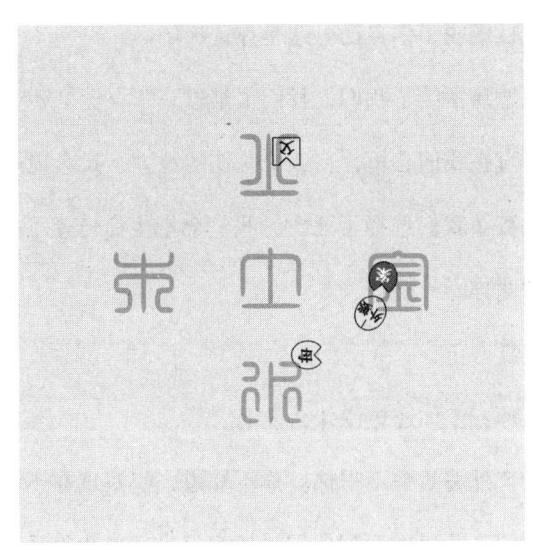

图 3-24

案主:"你丢下外公一个人孤零零的。你走了,老房子也变样了,我连个念想都没了。我现在连个撒娇的地方都没有了,你要是还在多好。"

个案代表跪下。

肖然老师："你还记得外婆离开的时候吗？"

案主："我只看到她最后一面。外婆是喝农药去的，她得了乳腺癌，很痛很痛，全身都肿了，实在太痛苦！我看到她最后一面的时候都不认识她了，她自己偷偷藏了农药，受不了了才喝的。"

个案代表慢慢跪着来到外婆脚边，然后埋下头。

肖然老师："来，对外婆说：'外婆，你选择了死亡。'"

"用死亡解脱了你自己。这是你选择的。"

"你把悲痛留给了我们，我们很难过。"

"你一直在我们心里，在那个悲伤的地方，我会记得你。"

"你代替了我们选择了死亡，我们会把生命传递下去。不再选择死亡，谢谢你，外婆！"

案主重复。

肖然老师："你还想说什么说吧。"

案主："外婆我舍不得你。你不知道，妈妈现在不讲道理，爸爸又那么软弱，我每次看到他们吵架都很难过。我很爱他们，可是我无能为力，你又不在。我不知道该怎么办。我想离开他们，想去找你。"

肖然老师："我想去那里找你，那个死亡的地方。"

案主："我要说这些话吗？"

肖然老师:"是的。"

案主:"我就想找外婆。"

肖然老师:"外婆已经走了,你能让她放心吗?因为她会惦记着你。你能让她得到安息吗?"

母亲代表站起来,走到木位站立。

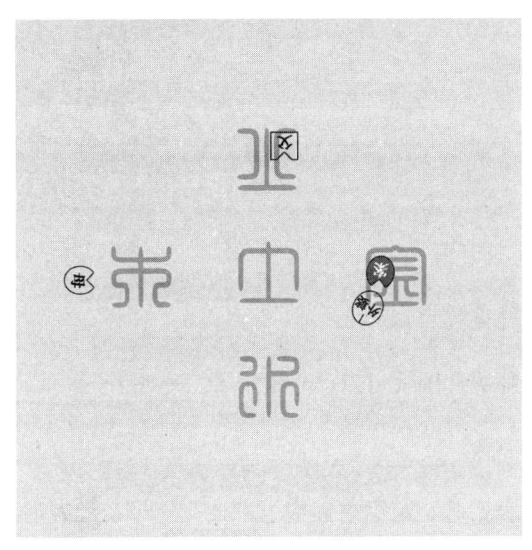

图 3-25

肖然老师:"来,我们继续:'我都长大了。'"

"看到我了吗?看着我,我已经不是那个孩子了,我很懂事。你可以放心了,不用再惦记我,去吧,我会照顾好自己。"

个案代表哭泣,母亲代表走过去扶起个案代表,站在火位与金位之间。

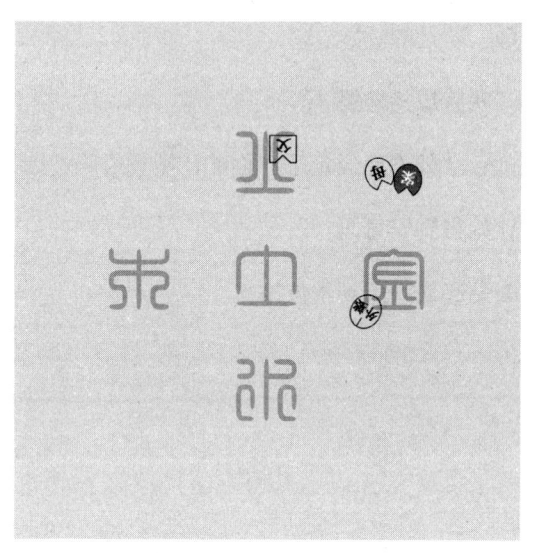

图 3-26

案主给外婆代表磕头。

肖然老师:"外婆可以放心地走了,是吗?"

案主点点头。

外婆代表站起,与案主拥抱了一会儿。母亲代表走到火位,与父亲代表站在一起。个案代表站在金位。

肖然老师:"看着爸爸妈妈,你真的觉得爸爸很无能吗?"

案主摇摇头。

肖然老师:"来,对爸爸说:'爸爸你很棒。'"

"在我心里你是最棒的。"

"你只是在忍让,忍让着我和妈妈。"

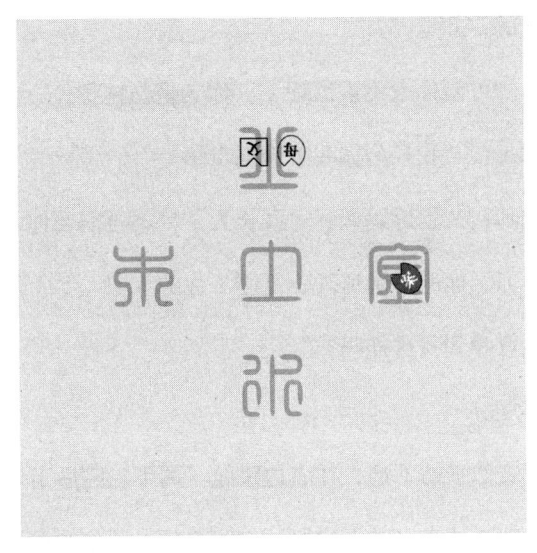

图 3-27

案主重复。

肖然老师:"你想对妈妈说什么?"

案主:"我想对她说:'妈妈,你可不可以不要这么不讲道理?'"

肖然老师:"把你的抱怨讲出来。"

案主:"爸爸是我的爸爸,是你的丈夫,不是你的儿子,你不能用训儿子的方式训他。"

肖然老师:"妈妈一直不讲理。你告诉妈妈:'我从今天开始尊敬我爸爸。一起和你对着干。'"

母亲代表(对案主):"太可恶了,你怎么能这么干呢,是我把你生下来的，知道吗？"

案主："可是你太不讲道理了，你老是伤害我。"

母亲代表："我只是做我想做的事情。"

肖然老师："告诉妈妈：'我长大了，不再需要你了。'"

"我学习了你的不讲道理，复制了你的人生。"

"你愿意看到我这样吗？"

案主重复。

母亲代表似乎站不稳，往右边踉跄了两下，随后走到金位。

肖然老师："来，告诉妈妈：'我希望得到你的祝福。'"

"你只要做一个真正的妈妈，而不是和我一样做爸爸的女儿。"

"我尊重你作为我的妈妈而存在。"

案主重复。

母亲代表踉跄着走到个案代表面前。

个案代表似乎腿很无力，要倒下去。

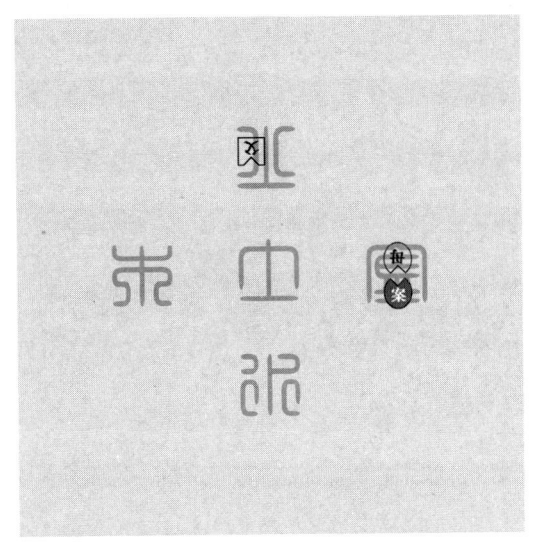

图 3-28

肖然老师（对大家）："在五行系统动力当中，讲出事实就可以使动力转变。"

母亲代表左手捂住肚子，不再面对个案代表，站到金位与土位之间。

肖然老师（对案主）："继续对妈妈说：'我要做个温柔的女人。'"

案主重复。

母亲代表坐到地上。个案代表后退一步。

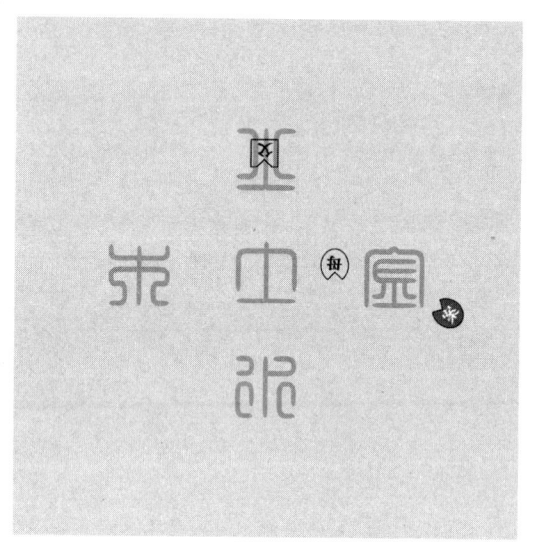

图 3-29

肖然老师："妈妈什么感觉？"

母亲代表（用手指了一下火位）："我刚才在那儿的时候就想吐了，然后晃啊晃地走到这里（金位），看到她（个案代表）的时候，觉得好像没有什么特别深的联系。"

肖然老师（对案主）："妈妈站在女儿位置的时候，女儿是没有位置的。来，对妈妈说：'妈妈，请把位置还给我。'"

案主："妈妈，请把位置还给我。"

母亲代表摇摇头。

肖然老师："我把丈夫还给你。"

"那是你丈夫，不是我的。"

"妈妈,我希望你幸福。"

"也祝福你。"

案主重复。

母亲代表左手捂脸。个案代表慢慢走到母亲代表身后,蹲下,趴在母亲代表背后。

肖然老师:"我尊重你的人生。"

"那是你的人生。我有我的人生。"

"我很爱你。"

案主重复。

肖然老师(对大家):"作为一个妈妈,如果不能成为合格的妈妈,那么自己的女儿在婚姻关系上就会出现问题。大家要懂得怎样成为一个合格的妈妈,给孩子最好的祝福。"

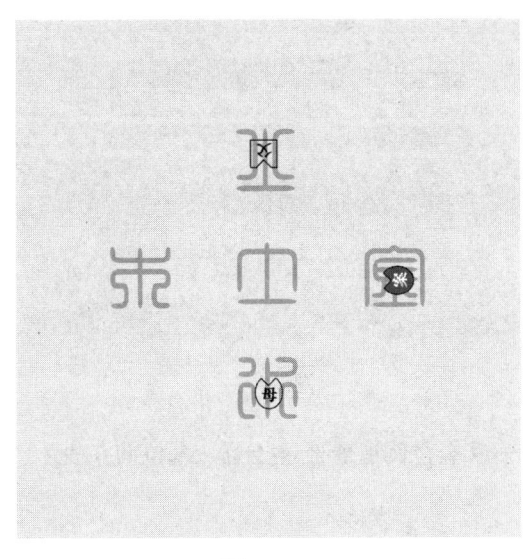

图 3-30

过了一会,母亲代表站起来,走到水位。个案代表退到金位。

肖然老师(问案主):"这样舒服吗?"

案主点点头。

肖然老师:"我给你找个男朋友。"

肖然老师从场下学员中找出一位学员代表(代表A)。

代表A出来后站到火位旁,父亲代表的左侧。

肖然老师(问案主):"你觉得他可爱吗?"

案主:"有点怕。"

肖然老师:"爸爸允许你。"

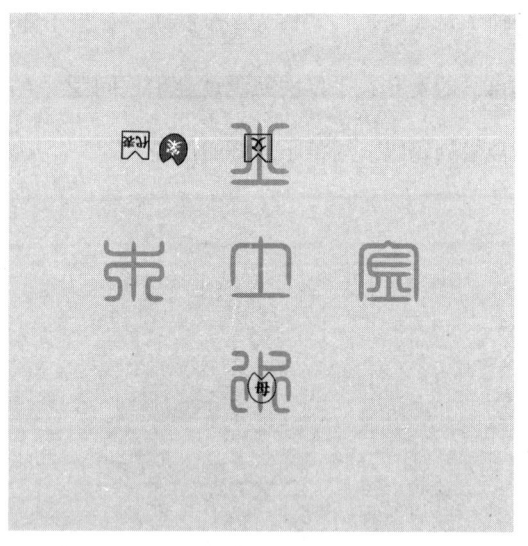

图 3-31

个案代表从金位倒退着经过土位、木位向代表A走去,代表A

迎上一步,用右手搂住个案代表的腰。

代表A:"她走近的时候心跳有点加速。"

肖然老师:"还有点害羞呢。"

肖然老师(对案主):"这就是你。允许自己找男朋友吗?"

案主点点头。

肖然老师:"选择信任他人就会得到他人的信任。"

交还角色。

第七节　爸爸妈妈都还是孩子

图 3-32

在家庭关系中，还有一种情况是爸爸妈妈都是孩子，就是爸爸在儿子的位置上，妈妈在女儿的位置上，俩人玩着玩着有了孩子，生下之后就不管孩子了，任由其自由成长。我在深圳遇到过的姐弟仨的父母就是这样：当年两人贪玩，玩到一半结婚了，生了仨孩子后玩腻了，又各自找了新对象继续玩，把仨孩子丢下不管，非常不负责任。父母离开时姐弟仨中的老大12岁，他们就自由生长，自生自灭。好在这个12岁的姐姐是负责任的，把弟妹带大，供他们上学。

但是他们的价值观、人生观是怎么建立的呢？我们都知道价值观、人生观是在成长过程中慢慢建立的，受社会的影响，受家庭的影响，受父母的影响。父母是孩子的第一任老师。如果父母不能成为负责的父母，孩子就会成为心理学上所说的隐形人。这样的孩子有很强的自卑感，没有归属感。他们很难与人正常相处，即使结婚了，婚姻生活也会过得很艰难，因为他们不信任别人，也没有自我，会让身边的人很痛苦。

我身边就有这样的一个家庭，爸爸在木位，妈妈在金位。他们家的三个男孩从小到大就是自由成长。我经常让他们家的孩子到我家吃饭，因为他们家没人做饭，爸爸妈妈成天只做三件事——打麻将、吃饭和睡觉。后来这孩子到初中的时候就会给他爸爸妈妈买饭吃，他妈妈到处吹嘘孩子懂事，却从不过问钱从哪儿来。这个家庭的大儿子起初只是偷自行车，卖掉后换食物回来。后来就劫道、劫汽车，干尽坏事，进过两次监狱，出狱后被人打死了。那年他31岁，刚结婚。这样的孩子罪过在他身上吗？不在他身上。

我们和他人建立亲密关系时一定要看清对方的家庭结构，如果家庭结构是病态的，那么这个人的内在也会潜藏着某种病态因素。

● 案例：我要善待自己

◆ 案主陈述

案主："我性格中有很多不稳定的因素，有时候因为自己的情绪会不自觉地、无法控制地伤害我最亲的人，甚至伤害我自己的孩子，所以我必须来到这里解决问题。我的家族看起来存在很多问题，所以想通过这个机会把它呈现出来。"

"首先说说我的奶奶。奶奶是在我13岁那年去世的，我在上小学之前都是奶奶照顾我。她是我最亲的人。我爷爷在奶奶过世之后就孤单地生活。我妈妈患有很严重的抑郁症，是从生下我之后开始的，一直到现在，都得靠药物支撑，前年开始越来越严重，严重到告诉我她受不了了，必须去医院。接下来说说我的爸爸。自我懂事开始，就一直生活在对他的恐惧之下。小时候我和哥哥不管因为什么做得不对，爸爸就会在饭前告诉我们要做好心理准备，在睡觉之前要收拾我们。我被揍的机会很少，通常是看到哥哥被狠狠地揍，因为哥哥调皮。"

肖然老师："揍哥哥的时候你什么感觉？"

案主："非常害怕。但是最令我害怕的并不是自己有可能被打，而是爸爸的赌瘾。当爸爸滥赌的时候，家里常常会欠债。我和哥哥那时候被人家看不起，我感到很自卑，这是他对我们伤害最深的地方。后来,他在外面有了别的女人,我就支持我妈妈与他离婚。他们离婚后,我就再也没见过爸爸了。几年前他得了癌症,哥哥托妈妈来通知我,我都没有去,我很害怕他再次伤害我,我知道应该过去看他,但是我没有去。"案主停下来擦去眼泪。

肖然老师:"他走了吗?"

案主摇摇头:"没走。哥哥在照顾爸爸。我妈妈则一直和哥哥保持着联系。妈妈告诉我爸爸非常瘦,他在住院的时候叫着'我想女儿'。我妈妈很希望我去看他。在今年8月份的时候我终于鼓起勇气和妈妈一起去看望了他一次。他瘦骨嶙峋,根本不像他原来的样子。他看我的眼神,我都不知道怎么形容。当他出来的时候,一看到我就想哭。然后过来抱我,他抱我时我一点感觉都没有,他的苦与我没有关系,他所说的和他所做的完全是自相矛盾的。我在那个场里完全是封闭的。"

"在来这里上课之前,我接到一个陌生电话,是我爸爸打来的,他一个劲儿地指责我,指责我支持妈妈与他离婚,当时我非常恐惧,整个人都在颤抖,于是我把他电话屏蔽掉了。回到家后,我直接把手机关机,我很害怕,一直在害怕。再说说我的哥哥。我觉得从小我们兄妹之间的感情很淡,他有他的生活,我有我的生活。我们兄妹之间也很多年没有联系过了。"

肖然老师:"你要做什么?我能帮你做什么?"

案主："解决一些家庭和我性格上的问题。我没有安全感，原来的问题现在还在对我的家庭造成伤害，我想停止这些伤害，让自己真正学会爱。我觉得我不会爱。"

肖然老师："你觉得你有像爸爸的地方吗？"

案主："我不知道。"

肖然老师："你最讨厌他什么？"

案主："不负责任，冷漠。"

肖然老师："你觉得你像谁？爸爸还是妈妈？"

案主："我谁都不像，我就是我自己。"

肖然老师："你谁都不像，因为你都不喜欢他们是不是？你喜欢妈妈吗？觉得妈妈是个什么样的人？"

案主："谈不上喜欢。妈妈很忍让。她不会善待自己。"

肖然老师："你绝不想成为她？"

案主："是的，但我也不会善待自己。"

肖然老师："我相信这么多年你也没有善待过自己。那你是怎么对待自己的？"

案主："忘了自己的感受。找不到自己。"

肖然老师："根本就没有自己？"

案主："是。"

案主低头抽泣。

肖然老师："如果面前有一个人是你自己，你想对自己说什么？"

案主（擦干眼泪，抬起头）："想对自己说：'好好做你自己，好好生活。'"

肖然老师："这是你对自己的期待，做得到吗？"

案主："可以。"

肖然老师："从现在开始做一个决定：我要为自己活着，我要善待自己。"

案主："我要为自己活着，我要善待自己。"

肖然老师："非常好。我觉得你还是非常有力量的，在这样的状态下还能为自己做一些事情。我帮你做一件事情好吗？"

案主点点头。

肖然老师转头对案主肯定地说："我相信你。"

停了一会儿说："我觉得你不是在恨你爸爸，你都不恨他，这是一种冷漠，与这个人没什么关系，是不是？"

案主："是。但是以前很恨他。"

肖然老师："以前很恨，恨到极点就不再恨了。"

案主："嗯。上次妈妈带我去医院看他，我看到他时完全没感觉。"

肖然老师："对呀，当一个人对另一个人连恨都没有的时候，那是真正地放下了。你觉得你爸爸还重要吗?"

案主:"不重要。"

肖然老师:"你奶奶重要吗?"

案主:"重要。"

肖然老师:"那把你奶奶找出来。"

◆ 五行呈现

案主找出奶奶代表。

肖然老师:"我们看一个人选代表的时候怎么选人都是有原因的。"

奶奶代表站到土位。

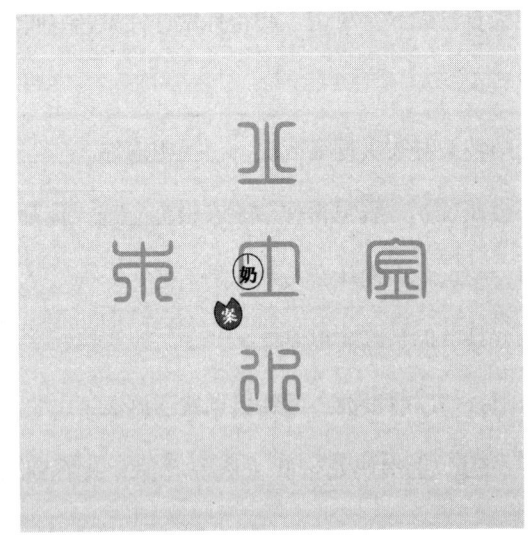

图 3-33

文字说明:案,个案代表;奶,奶奶代表。
图形说明:方形代表男性;圆形代表女性;缺口方向为脸的朝向;无缺口则为躺倒在地。

肖然老师（对案主）："如果这是你奶奶，你想对奶奶说些什么？"

肖然老师见案主低头没有说话，便鼓励她说："叫她一声'奶奶。'"

案主轻声叫了一声"奶奶"。

肖然老师："闭上眼睛想一想奶奶在世时的所有经历。你可以向奶奶讲讲心里话，这么多年你是怎么过来的。"

案主抬起头刚要说话，又低下头开始哭泣。

肖然老师："叫一声奶奶。对奶奶说：'我好想你回来。'"

案主："奶奶回来！"

肖然老师："我需要你。"

"我还没有长大。"

案主重复。之后案主走到土位奶奶代表跟前，趴在奶奶代表肩头哭泣。

肖然老师："你还可以像孩子一样得到奶奶的保护。"

案主（对奶奶代表）："小时候只要你抓着我的小手，我就感觉很安全……"

肖然老师走到奶奶代表身旁，将右手放在奶奶代表额头，奶奶代表似乎要倒下。

案主（哭泣着摇头）："不要，真的不要。"

奶奶代表倒在地上。

肖然老师（对案主）："她走了。"

过了一会儿，肖然老师请案主对着奶奶代表跪下。

肖然老师："讲出来：'我是你孙女。'"

案主："我是你孙女。"停了一下，案主接着说："我想替爸爸说一声：'对不起！爸爸不够孝顺你，我来孝顺你。'"

肖然老师："她是给你带来爱的那个人。你身上有她的品质。"

案主："就是忍让，就是为别人操心。"

肖然老师："你还记得奶奶的眼神吗？"

停顿了一下，肖然老师缓缓地说："她在看着你，她在对你说话。我相信你能听到。"

案主："是的。奶奶说她现在很好。我会好起来的。"

肖然老师："奶奶在陪着你。她告诉你要好好活着。我们今天对奶奶做一个承诺。说出来。"

案主："奶奶，我会好好的。我会爱爸爸，我不希望在他走之前成为他生命中最大的遗憾。我可能会带着我的女儿、我的先生一起去看他。我想这也是你希望看到的吧？"

肖然老师走到场边，从场下请出一位学员站到水位。该代表在水位站了一下后就软软地倒在地上了。

肖然老师（对案主）："你看你的妈妈。她也快走了。"

案主："不会的。"

肖然老师："看着她（母亲代表）。"

案主："不会的。我对她很好的。不会的，不会的，不会的……我妈妈还可以活很多年！"

肖然老师："你看她累吗？"

案主："累。"

肖然老师："走过去。"

案主走到母亲代表身旁，蹲下，扶起母亲代表，但母亲代表似乎睡了过去。案主不停地哭诉着："不可以，不可以啊！有我在，你不可以这样子的，你不可以……"

肖然老师："你可以告诉妈妈：'我会照顾好自己。'"

案主："我会照顾好我自己的。"

肖然老师走到案主身边，将右手轻轻放在案主头顶。

案主哭声渐渐小了。

肖然老师："抱抱她（母亲代表）吧。"

案主紧紧地从后面抱着母亲代表。

肖然老师："你知道妈妈给了你什么吗？"

案主："她给了我勇气。"

肖然老师："她是你生命的一部分。你知道妈妈在为谁撑着吗？"

案主:"为我。"

肖然老师:"告诉妈妈:我学习了你。"

"忘了自己。"

"我们要重新活着。"

案主重复。

肖然老师叹了一口气,然后从场下请出另外一位学员作为父亲代表走到火位。

肖然老师(对案主):"无论你承认不承认,你都传递着同样的能量。"

刚上来的代表在火位站了一下后,往后退了两步。

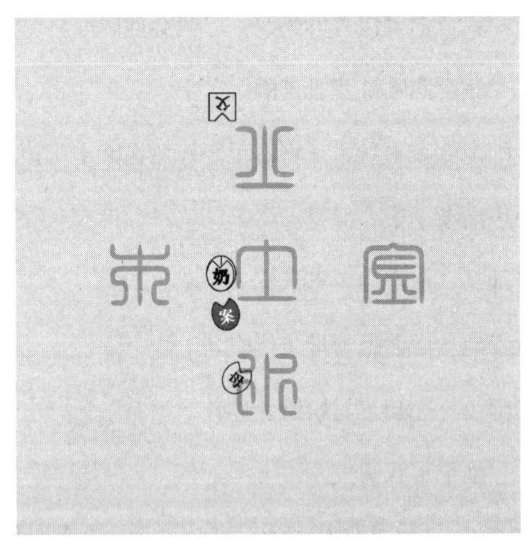

图 3-34

文字说明:父,父亲代表;母,母亲代表。

肖然老师问母亲代表的感觉。

母亲代表："我想靠着她（案主），但又怕靠不住。我这样挺累，但一直没有力气站起来，也不想躺下。"

肖然老师（对案主）："她不会死，但她也不想站起来。"

母亲代表："靠着她比较舒服，但感觉靠不住。"

案主："我会坚强起来。"

肖然老师（问案主）："你累吗？"

案主："我很无力。"

肖然老师："对妈妈说一声：'我无能为力。'"

案主："妈妈，我无能为力。"

肖然老师："我不想再管你了。"

案主："我不想说这个，我不会不管她的，我愿意管她。"

肖然老师："你真的愿意吗？"

案主："愿意。"

母亲代表："她说愿意的时候我就想一直这么靠着她，不愿意起来。"

肖然老师（问案主）："你想让她起来吗？"

案主（对母亲代表）："妈，我无能为力，我不管你了。"

肖然老师："告诉妈妈：'妈妈，我要为自己活着了。'"

"我为你活了很多年，失去了自己。就像你一样。"

"你为别人活了这么多年，也失去了自己。"

"妈妈，我很爱你。"

"我会更爱你。"

"但我要找回自己。"

"我相信你会站起来。"

"我们一起站起来。"

案主重复。

此时，父亲代表慢慢往前走。右手向前伸着，一步一步走到了水位与土位之间。

案主站起来看着父亲代表。

肖然老师（对案主）："在他（父亲代表）倒下之前，在他临死之前，他向你伸出了一只手。"

案主抓住了父亲代表的手，将父亲代表抱住。

父亲代表无力地靠在案主身上。

肖然老师（对案主）："你可以很恨他，你也可以很讨厌他。告诉爸爸：'你什么都不用说。'"

"我知道你有一个愿望。"

"只是想看看我。"

"没有任何理由。"

"因为我是你女儿。"

"我会看你。"

"我虽然不爱你,但你还是我爸爸。"

"我不会为你活着。"

"我是独立的。"

"我要爱我自己。"

"你自私了一辈子,从来没为别人考虑过。"

"我是恨你的。我恨你的行为。"

"恨你一辈子所做的一切。"

案主重复。

案主(大哭):"我的不自信都是你给的。我把这些都还给你!你做你自己,我做我自己。"

肖然老师:"把他放开吧,与他告别。"

案主松开父亲代表。父亲代表大步退回火位。

母亲代表:"我想与她爸爸在一起,想去牵他的手。"

肖然老师:"去吧。"

母亲代表站起来走到父亲代表面前,与父亲代表拥抱在一起。

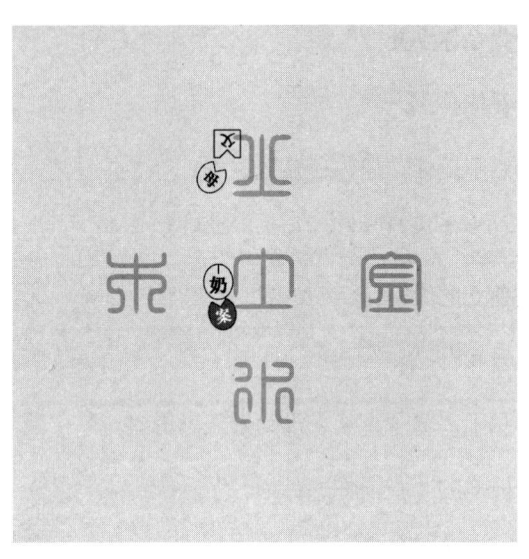

图 3-35

肖然老师（对案主）："你看到了吗？这是事实，这是你妈妈这么多年的心愿。你知道你妈妈有多爱他吗？你只是他们的孩子。"

肖然老师继续对案主说："你知道吗？你一直在为妈妈委屈。"

案主："我不知道，真的不知道是这样的。"

肖然老师："你永远无法理解你的爸爸妈妈，就像爸爸妈妈永远无法理解你一样。"

案主点点头。

肖然老师："对他们说：'妈妈，我错了。'"

"我不该劝你们离婚。"

"我长大了。"

"我会祝福你们。"

案主重复。

父亲代表左手被母亲代表拉着,身体向后仰。

肖然老师:"他马上就要走了,你要让他完成这个心愿。"

案主:"我会帮他完成的。"

母亲代表用力拉着父亲代表,用右手抱着父亲代表的肩,支撑着父亲代表。

肖然老师:"你看妈妈。你觉得世界上什么叫情感?"

案主只是不停地哭泣。

父亲代表向后仰着身体,被母亲代表扶着,向前伸出右手。

肖然老师又从场下找出一个学员作为哥哥代表。

肖然老师(对哥哥代表):"拉一下他(父亲代表)的手让他走吧,他在找他的儿子。"

哥哥代表抓住父亲代表伸出来的手。

肖然老师:"他就这点心愿,完成了他就走了。"

父亲代表躺倒在地。

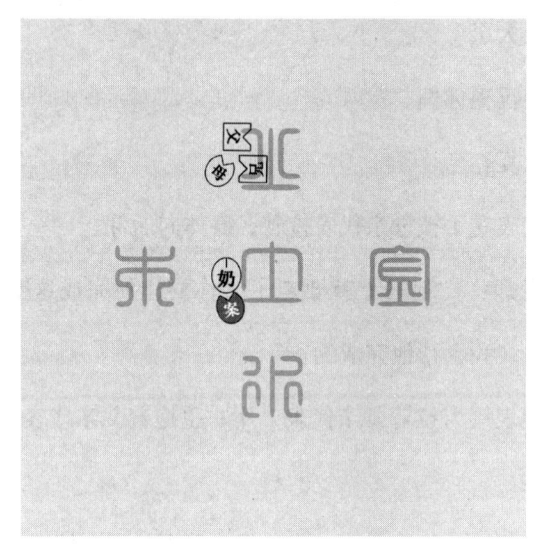

图 3-36

文字说明：兄，哥哥代表。

肖然老师（问案主）："你还恨他吗？"

案主默默地摇了摇头。

肖然老师："叫他一声吧。"

案主默默地站着。

肖然老师："你知道他走的时候有多痛苦吗？"

案主轻轻地摇头。

肖然老师："过去给他磕个头吧。"

案主慢慢走到父亲代表身旁，就这样静静地站着，看着躺在地上的父亲代表。

肖然老师:"你可以把这一辈子的怨和恨放下了。"

慢慢地,案主蹲下,跪下,看着父亲代表,轻声抽泣。过了较长一段时间,案主屈腿坐在父亲代表旁边。

母亲代表:"我想让她给他爸爸磕个头。"

案主跪着磕头,不停地抽泣。

肖然老师(对案主):"说出来:'爸爸,我身体里有你的一半。'"

"你有好的品质。"

"你正直,你善良。"

"我接受这一部分。"

"那是我的。"

"谢谢你,爸爸。"

"我没有爱过你,你就走了。"

"这是我一辈子的遗憾。"

"来生再报吧。"

"你们会永远在我生命里。"

"成为我生命的一部分。"

"我传承着你们优良的品质。"

"这就是我。"

"我接受我自己。"

"从今天开始我要拥抱自己。"

"你们放心吧。"

"走吧。"

案主重复。

肖然老师（对案主）："哭出来吧，现在的哭声是为了你自己。"

肖然老师（对大家）："上去抱抱她吧。"

众多学员走上来将案主团团抱住。

肖然老师："继续跟我说：'妈妈，我会照顾好自己。'"

"爸爸，我会照顾好自己。"

"奶奶，我会照顾好自己！"

案主重复。

过了一会儿，案主渐渐平静下来。众人回到座位。

肖然老师："当你把他们真正放在心里后，你才会成为你自己。"

案主又点点头。

交还角色。

◆ 分享总结

当我们不能接受父母时，我们也不能接受自己。

第八节　需要孩子保护的爸爸妈妈

图 3-37

有一类家庭：父亲、母亲都在水位。父亲母亲都特别弱，家庭中没人去承担，男人没有影响力，女人又太弱。这样的家庭中的孩子是焦虑型的，没有安全感，没有力量，体型一般是弓型的。

● 案例：整天焦虑的人

◆ 案主陈述

我特别焦虑，有两个原因。首先是非常担心自己的身体。我从小身体很瘦弱，只要身体一不舒服，就会担心是不是得了疾病，就会去医院做各种检查。从去年开始，我的胃就经常痛，去做了胃镜也没查出什么大毛病，只是慢性胃炎。去年年底，我的肚子开始胀气，挺严重，感觉下腹往下坠。

◆ 五行呈现

肖然老师："你现在与你的家庭分开了吗？"

案主："没有。"

肖然老师："其实你现在是把身体的症状和家庭的问题分开了，事实上你在为家庭担心。你这些病怎么来的？"

停顿了一会儿，案主开始带着哭腔说："我有两个弟弟和一个妹妹。我大弟弟说他是同性恋，小弟弟被诊断出精神分裂。他们俩现在都非常不正常。妹妹也很焦虑，总是担心自己或者孩子有各种问题，做各种检查。"

肖然老师："其实疾病是为了掩盖不愿意看到的东西而出现的。"

案主："我有时候非常绝望，不知道我们这个家到底该怎么办，我找不到解决的办法，我没有能力。"

肖然老师:"于是你就用得病的方法解决?"

案主:"可能吧,但是我又检查不出什么毛病。"

肖然老师:"因为你就没病。"

案主:"我觉得上天特别不公平,不知道为什么要让我的两个弟弟活得这么痛苦。我爸爸妈妈都是很善良的人,两个弟弟从小都很聪明,但是他们俩现在根本没法过正常的生活。"

案主放声哭泣。

肖然老师:"其实疾病也是一种躲避死亡的方式。"

停顿一下,肖然老师问案主:"如果明天你就死了,今天你会干什么呢?"

案主:"不知道,我挺害怕的。"

肖然老师:"如果活80年以后你才死,这80年你会干什么?"

案主:"不知道,我还是害怕。"

肖然老师:"这80年就活在害怕当中,你多痛苦啊!"

案主:"我怎么知道我能活到80岁?"

肖然老师:"你怎么知道你不能活到80岁?"

案主:"我身体不舒服,我很瘦,我很虚弱。"

肖然老师:"如果不是意外死亡,你不会在80岁之前死。我们往往是被恐惧吓死的。"

案主:"有时候真会害怕自己马上就要死掉。"

肖然老师："害怕到感觉自己马上就会死，这叫濒死感。你现在死不了。"

肖然老师请案主现在找出家人的代表做五行排列。

案主找出两个弟弟代表，妹妹代表，本人代表，母亲代表，父亲代表。

父母都移到了水位。

个案代表不停地在土位、金位、火位之间倒退着转圈，呼吸很急促。

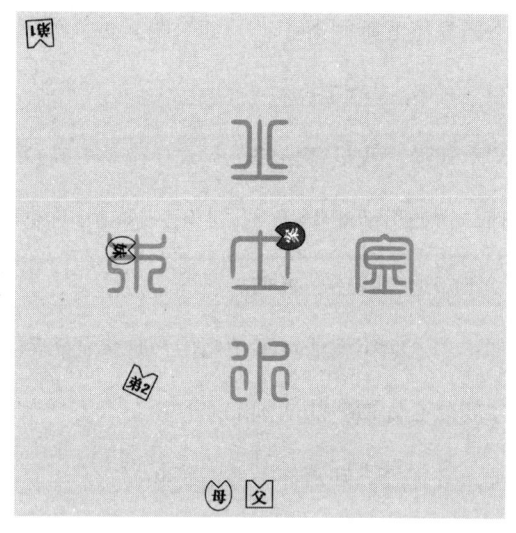

图 3-38

文字说明：案，个案代表；父，父亲代表；母，母亲代表；妹，妹妹代表；弟1，大弟弟代表；弟2，小弟弟代表。

图形说明：方形代表男性；圆形代表女性；缺口方向为脸的朝向；无缺口则为躺倒在地。

过了一会儿，肖然老师请代表A站在土位。

代表A站到土位。个案代表在土位、火位、木位之间继续倒退着转圈。代表A在土位站了一会儿，慢慢躺倒在地。个案代表边转圈边咳嗽，左手抱着肚子，似乎肚子不舒服。

肖然老师又请了一名学员（代表B）站到中间。代表B走到金位与土位之间，然后直接躺倒在地。

大弟弟代表抱着头从左边跑到中间，并躲到桌子下面。

个案代表倒退着绕场转圈，并大声地哭泣和咳嗽，转到火位与金位之间角落外侧后坐到了地上。妹妹代表横移几步，到木位与水位之间角落。

肖然老师请第三名学员（代表C）上场到土位。代表C到土位后躺倒在代表A身旁。

案主大声哭泣。

妹妹代表走到水位。

过了一会儿，大弟弟代表从桌子底下钻出来，坐在地上挪到场外另一个角落坐着。

小弟弟代表走到木位、土位、水位之间的三角地带后躺倒在代表C身旁。

妹妹代表向水位外侧移动两步。

肖然老师："分裂是身份认同，同性恋是对异性身份的认同，恐惧是对死亡的逃避。"

肖然老师（问案主）："你们祖上是做什么的？"

案主："我也不知道，只听妈妈说她的爷爷在年轻的时候被抓去做壮丁，再也没回来，然后我妈妈的奶奶就改嫁了。"

肖然老师请第四位学员（代表D）上场，代表妈妈的爷爷。

代表D走到火位与土位之间时腿开始发软，踉跄着往火位外侧退，踉跄了几下后倒下，躺在火位与金位之间的角落。

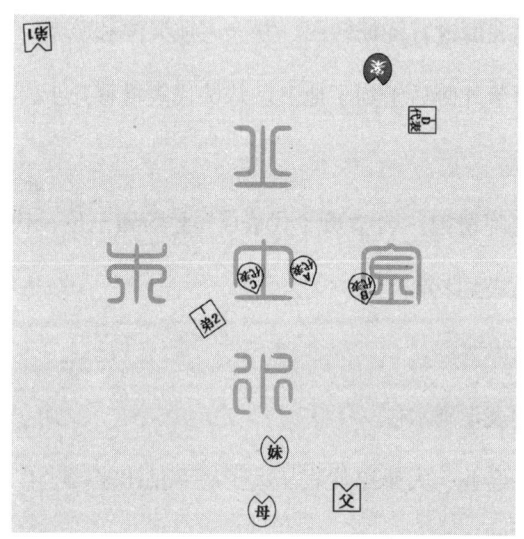

图 3-39

肖然老师（对案主）："过来，先给你妈妈的爷爷——你的太外祖父磕头。"

案主走到代表D跟前跪下，磕头。

肖然老师:"说出来:太外祖父,我今天接你回家。"

"把你的灵魂接回家。"

(妹妹代表往水位右边移动两步。)

"放在家族系统里。"

"让你安息。"

案主重复。

肖然老师:"转过头来,给死去的人磕头。"

案主(转过头来对着土位跪着):"他们都是谁啊?"

肖然老师:"说出来:'所有因为我们家族死去的人,我都会把你们放在祖宗的位置。'"

"去祭奠你们。"

"让你们得以安宁。"

"你们安息吧。"

"我代替我的弟弟,把身份还给你们。"

肖然老师(对案主):"磕一个头。"

案主磕头。

妹妹代表走到金位。大弟弟代表慢慢走到火位与金位的外侧。父亲代表走到土位、木位与火位之间的三角地带。个案代表走到躺在地上的小弟弟代表和代表C之间。

肖然老师:"说出来:'所有死去的人,你们都是我的祖先。'"

"杀你们的和你们一样,都在同一个地方。"

"安息吧。"

案主重复。

父亲代表慢慢走到妹妹代表的身边。大弟弟代表走到金位与火位之间的角落。母亲代表不停地甩动双手。

肖然老师:"继续对他们说:'我们会用我们的生命为你们做一些事情。'"

"为我们共同的社会做一些事情。"

个案代表重复,并走到金位与土位之间。

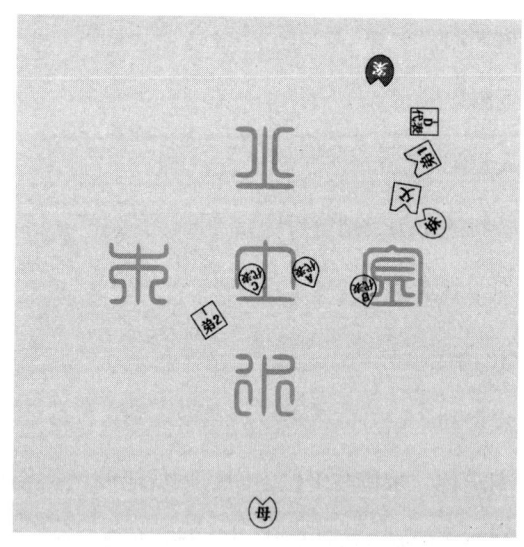

图 3-40

肖然老师:"请你们安息吧。"

案主:"请你们安息吧。"

交还角色。

◆ 分享总结

肖然老师:"她的父亲母亲都特别善良、柔弱,都在水位。这造成了她的焦虑。我们的身体疾病和家庭关系相关,所以在治疗时,只有充分了解了生命和家庭、社会之间的关系,我们才能真正根治疾病。"

第九节　单亲家庭

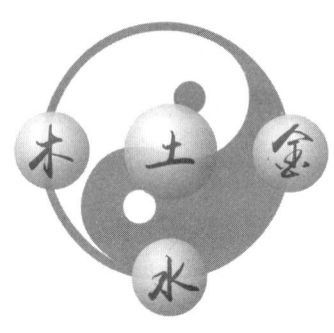

图 3-41　　　　　　　图 3-42

对于单亲家庭，爸爸（妈妈）需要在孩子心里塑造一个优秀的爸爸（妈妈）形象。经常有人问，离婚后孩子应当归谁？答案是，归给对另外一方有更多肯定和赞扬的人。如果父亲对母亲有更多的肯定和赞扬，那么孩子就归父亲；如果母亲对父亲有更多的肯定和赞扬，那么孩子就归母亲。

单亲家庭的父亲（母亲）要给孩子建立一个健康的、完整的、内在的家庭。如果孩子没有爸爸，那么妈妈可以告诉孩子，他的爸爸很好，只是由于某种原因离开了，千万不能在孩子面前指责爸爸的不是。

我碰到过这样一个案例。一位有着八年工作经历的资深咨询师找我做咨询。她打电话过来："肖然老师，听说你很专业，我想找你解决我的问题。在上海我找过很多有名的咨询师，他们都无法解决我的问题。你要再帮不了我，我就绝望了。我就想要妈妈理解我。"

我们听到这句话肯定会认为是妈妈不理解她，是她和妈妈之间出现了一些问题需要解决。在家庭咨询中，这类案例非常多，但那么多咨询师都解决不了她的问题，所以她的问题一定不会那么简单。

到了约定的时间，她和妈妈一起来了。妈妈进屋就一直埋头坐着，一小时没吭声，手不停地颤抖。她的肢体语言显示出她非常紧张害怕，于是我问她："你在怕什么？"

老太太说："我不敢说。"

我说："说吧，这里很安全。"

老太太说："前几天，我女儿把我给掐死了，我又活过来了。"

我把老太太单独请进咨询室，询问被掐死的过程。她说："我在家做饭，等女儿回来吃。她回来之后就像发了疯一样把我摁到床上掐死了，很长时间才缓过来。"

我忽然间眼睛发黑，这种行为严重冲击了我的道德观。我把她她女儿叫进来问："你给我打电话说希望妈妈能理解你，听完这个故事之后，我觉得我也不能理解你了。你能告诉我为什么这么做吗？妈妈做了什么事让你想把她掐死？"

她说："我也不知道，只要看到妈妈一笑就想抽她。"

这就更不能理解了，这还是人吗？

我们咨询不能用攻击性语言，六大基本原则之一就是充分尊重对方。于是我深吸了一口气，问她："为什么呀？"

她说："不知道。所以我来找你。"

这是个难题，我该怎么办呢？我又问她："那你爸爸呢？"

她说："我爸爸是个畜生，不能提他，我感到厌烦！"

我说："那你得告诉我为什么妈妈一笑你就想揍她。"

她说："其实打我记事儿起我妈就没笑过。"

我在那里就卡住了，只好先请她出去，我与妈妈聊聊。

女儿出去后，我问老太太："你对我说句实话，你真觉得你的前夫是个畜生？"

老太太说："其实我的前夫特别好。"

我问她："那你为什么说他是畜生呢？"

老太太说："因为我怕女儿去找他。"

我问她还做了些什么，她说："我编了两个故事，告诉她，她爸爸干了很多坏事。"

大家想一想，她这是把女儿的父亲塑造成了什么？魔鬼。女儿毕竟有爸爸一半的血统，那女儿会喜欢自己吗？不会，女儿非常憎恨自己。妈妈一笑她就烦，她想抽自己，又舍不得，于是就打妈妈。

那个女孩后来在我这里做了半年咨询，这半年中我发现她积压在心里的负性能量非常强。我帮助她与父亲建立了连接，她们母女才真正地和好。后来我还带她去看望过她父亲。

这是个真实的故事。我们听这个故事时，刚开始都会觉得这个人特别可恨。但一定要记住，一切都有原因，可能这个可恨的人也是受害者。

所以，单亲家庭的父亲（母亲）要帮助孩子在心中建立起母亲（父亲）的积极形象，哪怕是想象出来的。

前几天我女儿与我聊天："爸，你知道弟弟为什么非要学医，非要去多伦多上大学吗？"

我说："为什么呀？"

她说："我告诉你，但你千万别告诉妈妈。弟弟之所以离开温哥华去多伦多上大学，是因为想离开妈妈。"

我问她："那你对妈妈什么印象？"

她说："提起妈妈我很痛苦。"

如果我这个时候说一句"其实我跟你妈妈在一起也很痛苦"，孩子会怎么想？她会认为她的判断是正确的。

我这时候跟了一句："其实你妈妈真的不容易。我和她生活了二十多年，我比你们更了解她。"

她的态度一下就翻过来了："我妈妈确实不容易，每天那么早给我们做饭吃，疼我们疼得没人可比，只是我们长时间在一起才觉得痛苦。"

一定要让孩子看到父母的优点、让他们感恩的地方。父母都有让孩子不高兴的地方。如果你想让孩子心理健康，一定要教育孩子尊重父母。

你和另一半可以吵架，可以不和谐，但千万不能在孩子面前诋毁对方。如果妈妈告诉孩子爸爸是个流氓，那就是在孩子心目中种植下了对方不好的种子，就是在给自己种植人生苦果。

能引起我们情绪的人一定是我们生命中很重要的人，恨某个人是爱的一种表现，没有无缘无故的恨，也没有无缘无故的爱。在单亲家庭中，一定要帮助孩子建立一个完整的内在。如果你是一个稳定、完整的妈妈或爸爸，你的孩子也会是一个稳定、完整的孩子。

● **案例：疑似同性恋的儿子**

◆ 案主陈述

我是单亲妈妈，某次意外怀孕生了一个儿子。我并不爱那个男人，所以没有结婚，独自抚养孩子长大。儿子今年24岁，他不恋爱，有些自闭，但是又特别细致，我很担心他是同性恋。我希望知道到底是什么原因让他成为现在这个样子。

◆ 五行呈现

肖然老师："无论是否结婚，孩子已经进入他们家的系统。好的，请你选择代表呈现五行家庭图，包括孩子的父亲。"

案主分别选择自己、儿子以及孩子父亲的代表。

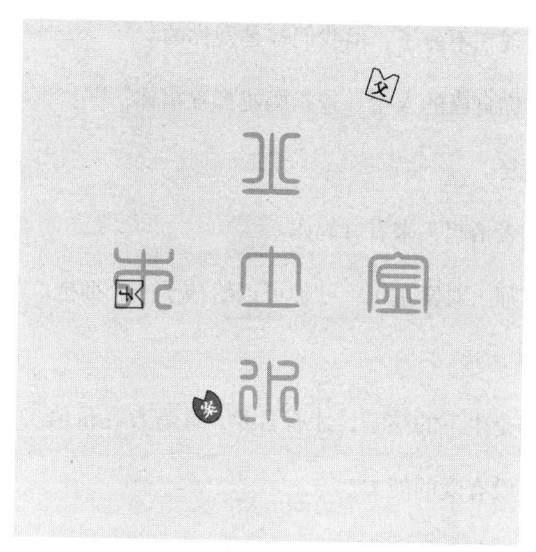

图 3-43

文字说明：案，个案代表；子，儿子代表；父，孩子的父亲代表。

个案代表走近儿子时，儿子代表一直低着头，一步一步后退。

儿子代表："我觉得很自卑，活着没有意义，没有任何人爱我，我活在这个世界上没有任何价值。"

案主:"妈妈是爱你的呀。"

爸爸代表想靠近儿子代表,儿子代表后退。

儿子代表:"如果你们不爱对方,又为何生下我?哪怕你们在做爱的那个瞬间是爱对方的,我也有那么一点存在价值。"

肖然老师(对案主):"你对他说:'儿子,妈妈那时是爱你爸爸的。'"

"虽然现在不爱了,但我们都是爱你的。"

"你有你自己的人生。爸爸妈妈都祝福你。"

案主重复。

儿子代表抬起头来看着妈妈。

肖然老师(对案主):"你可以给孩子一个拥抱。"

◆ 分享总结

父母相爱生下的孩子,才有自我,才有存在价值。儿子不是不恋爱,而是没有爱的能力。

第十节　被当成祖宗宠坏的孩子

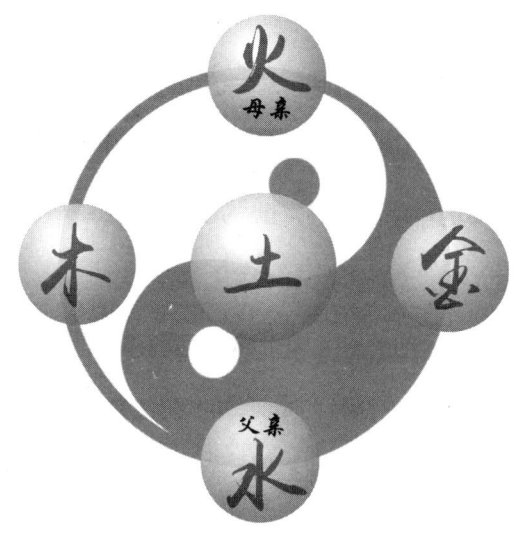

图　3-44

有些孩子在一两岁之后，会被工作忙的父母交托给爷爷奶奶带，这样的孩子容易被溺爱。

这样的孩子非常危险。因为他就在祖宗的位置，成了爷爷奶奶的祖宗，当然也就成了父母的祖宗。在土位的孩子不听父母管教，反倒会克父母。

被溺爱的孩子常常非常自我。然而所有的人都喜欢关注别人、理解别人的人，都不喜欢过于自我的人。

这个世界上的任何事物都追求平衡，关注自己也关心别人，这样的人才会让别人喜欢。过于自我而不懂得关心别人的人，就不能被大众所接纳。当孩子和父母分享的时候，父母一定要欣然接受。把好的东西分享给别人是一种品质。

我给儿子买了好吃的东西总是先请他分享给妈妈和姐姐。从小他的这一品质就非常好。记得有一次我给他买了五斤的大白兔奶糖，他就把所有的小朋友叫到家里一起分享。但最后他自己却不够吃了。

这个时候能骂孩子吗？当然不能。其实东西有没有吃到嘴里根本不重要，孩子的品质养成才是重点！

直到现在我儿子依然性情憨厚，有着很好的人缘，他有困难时很多人都会帮他。他若去别人家，那家的小朋友对他一定和对别人不一样。这个分享的品质，将来就会成为他的财富！他得到的帮助肯定比别人多。

一切都是平衡的，你付出多少，就得到多少，有舍才有得。你付出了爱，得到的肯定也是爱。你付出了分享，得到的肯定也是分享。

如果遇到不真诚的人，你要如何对待？你一定要告诉他：我相信你，你说的每一句假话我都相信。因为他说假话不会损害到别人，只会损害到他自己。当你说"我相信你"时，他所有的欺骗就变成欺骗他自己了。当别人骂你时，告诉他：我很爱你，我也祝福你。当别人诽谤你时，告诉他：我很爱你，非常关心你，如果你有困难我还是愿意帮你。这是"德善"。《道德经》里讲过德善和德信：你可信，我信你，这叫人信；你不可信，我还信你，这叫德信。如果你每天都在这个世界上种植美好，这个世界就会越来越美好。

我遇到过一个极端的案例。厦门有个孩子，21岁，父亲是某个行业的老大，家里非常富有。他父母把他带到上海来找我，一进门就跪在我面前："老师，你救救我们俩，这孩子再不好，我们俩后半生就完了。这孩子我没法养了，他吸毒、劫道、泡妞，什么坏事都干得出来。"

当天傍晚，就在我的工作室旁边，他拿啤酒瓶把他爸爸鼻梁砸断了，把他妈妈摁在草坪里打了一顿。我当时气坏了，过去制止他，他暴怒："你知道他们有多不讲理吗？他们不给我钱！"

爸妈不给钱在他心目当中就是不讲理！

这个孩子没有建立道德观。他还在前习俗性道德阶段，还没有长大。我带着他生活了一年多，把他领回了正路。当时我每天只给他10块钱，请一帮小伙子陪着他，不听话就揍他。过了10多天，他对我说："叔叔，钱不够，出去就只能买桶泡面吃。"他希望我多给点钱。我说多给钱你就跑回家去了。那段时间他天天在酒店住着，每天只有10块钱零花钱。开始他想攒钱回厦门，攒了5天他攒不住了，因为那过程太痛苦了。

其实这孩子挺配合、挺可爱的。我和他聊天时发现，他其实什么都懂，就是想欺负他的爸爸妈妈。于是我每天与他聊天，让他和同龄的孩子相处，接受正面的影响。

我吩咐那些小伙子陪着他练摔跤，把他摔机灵点。他哭诉："叔叔，他们欺负我。"

我说："你不也欺负过别人嘛！你欺负小姑娘，向人家要钱，你干那些坏事还记得吗？大家并没有欺负你，这是公平比赛。你现在什么感觉？"

"非常痛苦。"

"对，施受是平衡的。"

在离开我这里之前他学会了摔跤，学会了严以待己，宽以待人。

请一定记住，孩子要自己抚养，交给谁都不行。当然前提是你要做健康的父母。

在我的孩子刚出生的时候，我妈妈打算帮我带孩子。那时候我刚从医院辞职回家开诊所，很忙碌，也很困难，但我还是坚持自己抚养孩子。我自己的成长经历也很艰苦，也有一些创伤，这些都让我成长为今天的我。

每个人身上都有自己的创伤，这些创伤会形成我们的疾病，但也是我们的人生财富。没有得过病的人就没有免疫力，没有努力过的人就不会懂得珍惜。人生就是这样。有人觉得自己经历了很多痛苦，其实你要庆幸，因为在你的人生经历中满是财富。

如果父母生了孩子而不教养，那么就等同于对孩子犯了罪。把孩子交给爷爷奶奶照顾是可以的，但要记住父母每天要见到自己的孩子，并且要有一段时间的交流和陪伴。父母对孩子的影响是任何人都无法代替的。

第十一节　领养——孩子到底该归属哪里？

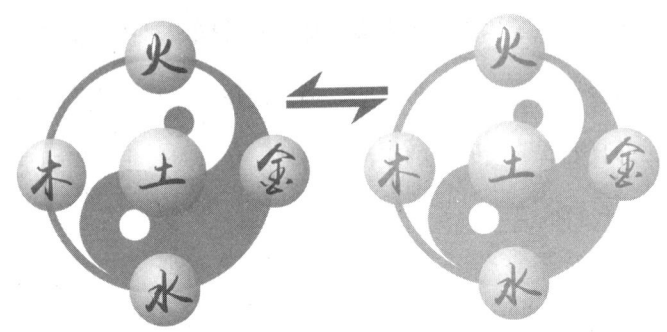

图 3-45

把孩子送人，会给孩子带来创伤，让孩子没有归属感。

我本人就是被领养的孩子，到现在也没有归属感，每天醒来第一件事要想一下今天在哪里。我15岁那年离开了养父母家庭，开始了自己的独立人生。因为努力工作，18岁时单位分给我一套房。我学会了做饭、拆洗被子、做衣服，但我依然感受不到家的归属。而现在，我在北京有房、上海有房、国外有房，我知道那是我的，但归属感不是你有多少房子，而是你内心有没有居所。我相信：心安之处，才是我家。

我做过这样一个个案：案主是厦门的一对夫妻，都是老师，有一男一女两个孩子。儿子特别不听话，典型的反社会型人格障碍。被送去当兵后没多久就自己跑回来了，整天什么都不做，让他们特别难过；女儿相反，特别听话，学习很好，非常仁义。他们对待儿子和对待女儿是一样的，对儿子的爱、关怀、管理可能付出的更多，但是这个男孩子太让他们糟心了，于是来求助。

我问她："你的儿子为什么和女儿性格差别这么大？"她告诉我这个儿子是领养的。

当我听到这个消息后，我请她晚上回去把领养这个孩子的前前后后一五一十地告诉孩子本人，看他什么反应。夫妻俩回去就把这个信息告诉了孩子，孩子一夜之间就好像完全变了一个人：第二天早晨起来，就去给父母买早点；一个月内学会了干活，学会了疼爱家人，学会了很多很多的事情。

● **案例：我也是你的妈妈**

◆ 案主陈述

案主自述近期右手很麻，与儿子的关系不顺畅。

肖然老师："闭着眼睛深呼吸，让全身放松。"

案主放松了身体。

肖然老师："你看前面有你的孩子。你看到了几个孩子？"

案主:"一个。"

肖然老师:"只有一个孩子是吗?是谁呢?"

案主:"我的儿子。"

肖然老师:"你很担心他是吗?"

案主:"是。"

肖然老师:"想对他说什么?"

案主沉默。

肖然老师:"你用自己的语言讲出来,带着你的感觉。"

案主依然没有说话。

肖然老师:"你很委屈是吗?我听到了你的委屈。你看看那么多年和孩子在一起的日子。你看着你儿子,那是你儿子吗?我知道有很多秘密,你不愿意讲、不愿意提起。但你今天可以带着那份感觉,看着你儿子。你想对儿子说什么?他让你很无奈是吗?"

案主:"对。我想对他说:妈妈很爱你。"

肖然老师:"他能听到吗?他好像没有听到。"

案主:"是,我觉得他不理解。"

肖然老师:"他无法理解。你可以告诉他:妈妈很着急。说出来。"

案主:"妈妈很着急。"

肖然老师:"有时候,你是不是觉得自己是一个失败的妈妈?"

案主:"是的。"

肖然老师:"你看看面前的自己,她很无力,是吗?"

案主:"嗯。"

肖然老师:"你想对自己说什么?"

案主沉默。

肖然老师:"你觉得自己一直在看着谁?你只看着自己的儿子。是这样吗?"

案主:"是的。"

肖然老师:"那是她生命的一切,是吗?"

案主:"是的。"

肖然老师:"你敢说一句话吗?"

案主:"敢。"

肖然老师:"对着那个儿子说:你不是我儿子。"

案主沉默。

肖然老师:"你很害怕失去这个儿子是吗?"

案主:"嗯。"

肖然老师:"你想抓住他。你伸出手去抓,抓得住吗?"

案主:"抓不住。"

肖然老师:"假设有一天,儿子离开了你,你会有什么感觉?"

案主:"这是我最不想看到的。"

肖然老师："你还有其他的孩子吗？"

案主："有，还有一个女儿。今年20岁了。"

肖然老师："你抓得住她吗？"

案主："抓不住。"

肖然老师："你想她吗？"

案主："我觉得一直愧对女儿。"

肖然老师："想补偿女儿？"

案主："是的。我不知道该怎么做。"

肖然老师："你觉得你女儿离你有多远？"

案主："我觉得我女儿在离我很远的地方。"

肖然老师："你已经失去了你的女儿？"

案主："是。"

肖然老师："你怕再失去你的儿子？"

案主："是。"

肖然老师："在你的生命当中，你想抓住的都在慢慢离开你。是吗？"

案主："是的。"

肖然老师："你很害怕。是吗？"

案主："是。只是没有这么想过。"

肖然老师："我在与你澄清一个现象，让你看到本质。"

"随着你的呼吸，去回顾一下这么多年你是怎么过来的。看看你曾经爱过的，和曾经深爱你的人。你现在想到了谁？"

案主没有说话。

肖然老师："你觉得你最愧对的是谁？"

案主："女儿。"

肖然老师："假如你的女儿就在你面前，你想对她说什么？"

案主："我想对她说：妈妈特别地爱你。"

肖然老师："她在看着你。你能看到你女儿的眼睛吗？"

案主："能。"

肖然老师："从她眼神当中你看到了什么？"

案主没有回答。

肖然老师："有对你的怨吗？"

案主："没有。她很茫然。"

肖然老师："你觉得你给女儿带来了伤害。"

过了一会儿，肖然老师接着说："再看看你的儿子，他们两个人的眼神中有相似的地方吗？"

案主："有的。"

肖然老师："那是什么？"

案主："一样的不理解我。"

肖然老师："你期待他们都理解你？是吗？"

案主:"是。"

肖然老师:"你理解他们吗?"

案主:"我也不理解他们。"

肖然老师:"你觉得自己是一个失败的妈妈?"

案主:"是的。"

肖然老师:"我问你这句话的时候你心里什么感觉?"

案主:"我觉得在这个问题上我能够勇敢地面对,我以前不认为自己是一个失败的人。"

肖然老师:"你觉得自己在哪一点上让他们那么不理解?"

案主:"我总是站在妈妈的角度,没有站在孩子的角度去理解他们的感受。"

肖然老师:"'妈妈,我想离你远一点,我对你很愤怒。'你听到这个声音了吗?"

案主:"是。"

肖然老师:"你心里什么感觉?"

案主:"很伤心。"

肖然老师:"他们心里在不停地重复这句话:妈妈,我想离开你。带着你的感觉看向他们。他们都在逐渐远离你,伸出你的双手把他们抓回来。"

案主:"抓不回来。"

肖然老师："如果让你喊出来，你想喊什么？"

案主："我只是想让他们知道：妈妈很爱很爱你们。"

肖然老师："说出来：妈妈是很爱你们的。"

案主："妈妈是很爱你们的！"

肖然老师站起身，用手掌轻轻地按摩案主的背部："继续说。"

案主："孩子们，妈妈很爱你们。"

肖然老师引导案主说出心里的爱与无助，继续用肘部轻轻地按摩案主的背部，过了一会儿后对案主说："我让你看一个事实，你愿意吗？"

案主："嗯。"

肖然老师请案主找出代表做家庭五行排列。

◆ 五行呈现

肖然老师找出儿子代表、女儿代表说："进入感觉，你是她儿子，你是她女儿，看着她。"

儿子代表站了一会儿后慢慢向后退。

女儿代表慢慢走向案主，然后张开双臂将案主抱住，案主也抱住女儿代表。

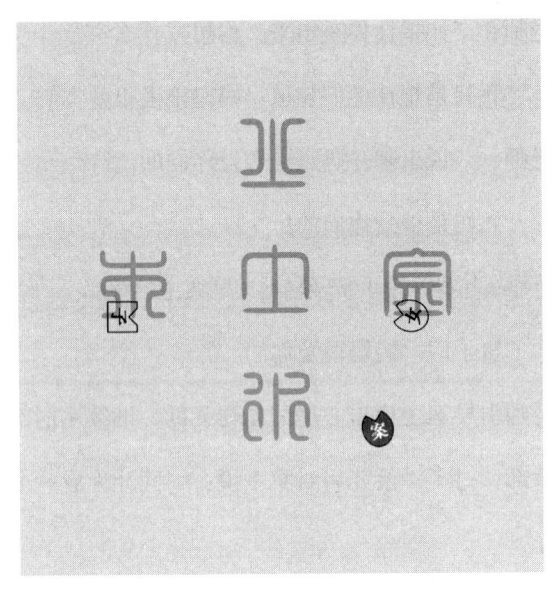

图 3-46

文字说明：案，个案代表；子，儿子代表；女，女儿代表。

肖然老师（对案主）："这里没有语言，她就是你女儿，无法割舍。"

过了一会儿，案主和女儿代表松开拥抱，肖然老师请案主拉着女儿代表的手，看向儿子代表。

肖然老师："你想对他说什么？"

见案主没有开口，肖然老师走过去问儿子代表："你什么感觉？想离开是吗？"

儿子代表："腿很无力，不知道该怎么办。"

肖然老师:"不知道该怎么办?如果我允许你往后退,你还会往后退吗?"

儿子代表:"我在这边挺好的。"

案主:"我就想问他:为什么要离妈妈那么远?"

肖然老师:"他也不知道。"

停顿了一下,肖然老师从场下请出一位代表(代表A)到场上,问儿子代表:"你想靠近她吗?"

儿子代表不回答。

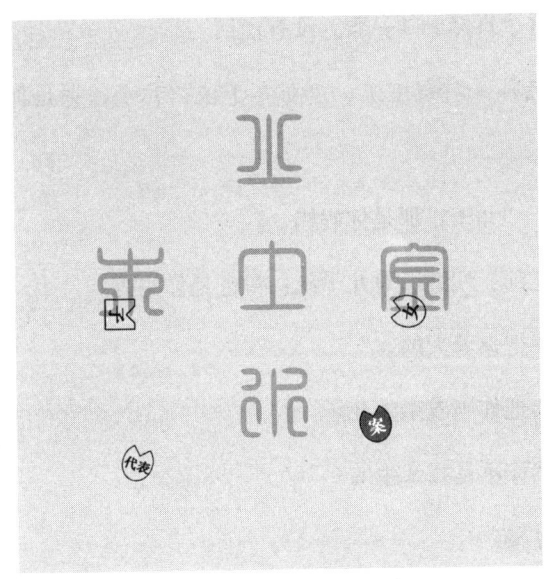

图 3-47

肖然老师(问代表A):"你想过来是吗?"

代表A："嗯。"

肖然老师（对代表A）："对他（儿子代表）说：你是我儿子。"

代表A："你是我儿子。"

肖然老师问儿子代表："你什么感觉？"

儿子代表没有回答。

肖然老师："你痛苦吗？"

儿子代表："非常痛苦。"

肖然老师（对案主）："我们来做一个实验，你愿意吗？"

案主看了肖然老师一眼，没有说话。

肖然老师（对案主）："对儿子说：儿子，那是你妈妈（指代表A）。"

案主："儿子，那是你妈妈。"

肖然老师："继续对儿子说：我也是你妈妈。"

"是我把你养大的。"

"我会把你当成亲生儿子。"

"虽然你不是我亲生的。"

案主重复。

女儿代表慢慢地向左侧退出几步，离开了案主身边。

肖然老师："我很爱你。"

案主："我很爱你。"

儿子代表慢慢走到案主面前,案主张开双臂将儿子代表紧紧抱住。

肖然老师(对案主):"闭上眼睛,和儿子待一会。"

"告诉他:你还有一个姐姐。"

"她也很爱你。"

案主重复。

交还角色。

◆ 分享总结

案主:"今天晚上的课程对我的帮助很大,因为我明白了以后怎么与儿子、女儿相处。"

第十二节　被排除的家庭成员

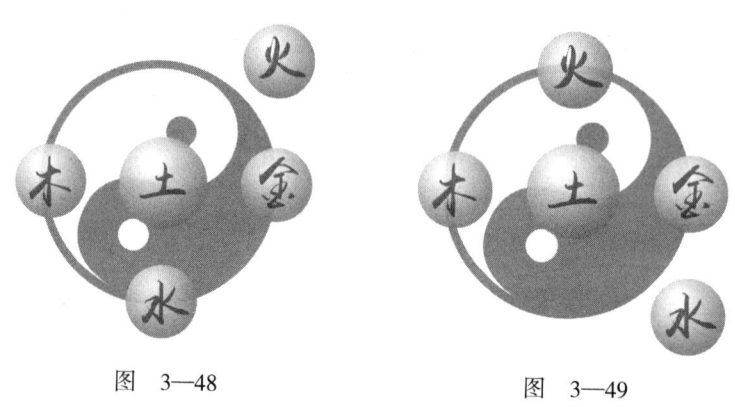

图　3—48　　　　　　　图　3—49

我们见过这样的家庭：父亲被排除在系统之外，家庭中的所有成员都不接受父亲，与母亲一致对外，甚至觉得父亲是个可怕的魔鬼、一无是处的恶人。总之在家人心里中父亲是多余的。这样的家庭往往没有温暖，危机重重，"战争"也一触即发。

这类家庭的妈妈要学会为了孩子尊重丈夫，即使他有不对的地方。父亲代表着家庭文化的传承，如果父亲不被尊重，家庭文化就被破坏了，家庭也会出现系统性灾难。孩子要学会尊重父母，以新的角度看待父母。父亲要学会管理好自己的情绪，尊重自己的配偶，那也是对自己的尊重。

另一种现象是母亲被排除在系统之外。由于某种原因，家庭所有的成员都不接受妈妈。孩子们围绕在父亲身边，忽略甚至遗忘母亲的存在。这样的家庭中的女孩子男性特质强，有可能会不认同自己的性别身份，罹患妇科疾病；而男孩子会歧视女性，亲密关系混乱。这样家庭的父亲要教会孩子们宽恕，宽恕妈妈曾经的错误。《道德经》有云："知其雄，守其雌，为天下溪。为天下溪，常德不离，复归于婴儿。"意思是，知道发展，也要守住根本，这样你就会像婴儿一样，永远得到而不会失去，因为婴儿不用智，却得自然之智。在一个家庭里妻子就是根本。家庭失去了根本，所有人都会没有安全感。常言道：羊有跪母恩。母亲经十月怀胎才把我们带到这个世界上，哺育之恩难报，我们应该感恩母亲带给我们生命，并感恩母亲带给我们的一切。感恩会让我们放下仇恨，宽恕别人，同时放过自己。而母亲也要敢于面对自己，面对自己的过往，承认过去，接受过去，爱自己，爱家人。

● **案例：把父母的责任还给他们**

◆ 案主陈述

案主："我想解决的是我与母亲之间的问题。我的原生家庭充斥着暴力，父母经常打架，每次都要见血。父母离婚已经二十年了，我与父亲不太往来，但依然牵挂他。我与母亲的关系这几年很不好，现在的婚姻也磕磕绊绊，与公婆的关系只是维持着表面的和谐。"

肖然老师："你对妈妈有什么期待吗？"

案主："我来之前还与妈妈吵了一架，每次吵架都很纠结。感觉生气到非吵不可，但吵完后我又很自责、很内疚。感觉和妈妈好像有深仇大恨，不想见她。但是三年之前不是这样的。变化始于妈妈逼我给弟弟买房，当时我心里非常不情愿。"

肖然老师："你恨妈妈吗？"

案主："有恨，确切说是怨，愤怒。每次见到她我都堵得慌，火冒三丈，不得不发泄出来。"

肖然老师："你希望她怎么样？"

案主："我希望她不说话。她可以出现在我面前，但最好一句话都不要说。"

肖然老师："她最好不要出现在你面前？"

案主："嗯，但是我还是会惦记她，也会担心她过得好不好，所以我很纠结、很痛苦。我的情绪影响到了现在的家庭，我和我先生之间出现了一些问题，女儿和先生都对我妈妈不好，这又是我不情愿的。因为我觉得我怎样对我妈妈都可以，但他们不可以，只能我一个人对她有愤怒或是不满。"

案主："在家里，我有时会在火的位置，有时会在水的位置。现在最大的困扰是我与妈妈的问题。至于我爸爸呢，刚才我还在想等会找代表的时候找谁做我爸爸,但好像不愿意任何人代表我的爸爸。"

肖然老师:"为什么呢?"

案主:"我不知道,其实我是很渴望他的。"

肖然老师:"现在你可以找代表了。"

◆ 五行呈现

案主找出母亲代表,本人代表,丈夫代表,女儿代表,父亲代表。

母亲代表和父亲代表站在土位,个案代表站在水位,丈夫代表站在火位,女儿代表站在金位。

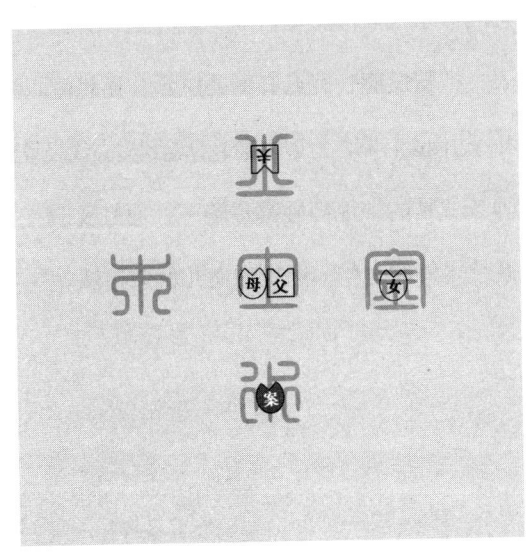

图 3-50

文字说明:案,个案代表;父,父亲代表;母,母亲代表;夫,丈夫代表;女,女儿代表。

丈夫代表在火位往后退，慢慢退到场外。

案主："我出来之前是跟我老公怄了气的，我说了很严重的话，说完就后悔了。因为他对我妈经常就是……"

肖然老师："你觉得他不尊重你的妈妈？"

案主："对。其实这肯定也是我的原因导致的，我不知道怎么跟他沟通。"

肖然老师问丈夫代表的感觉。

丈夫代表："其实我很想倒下，心跳特别快。"

丈夫代表躺下。

个案代表："我感觉到两条腿都很麻。"

肖然老师问母亲代表的感觉。

母亲代表："腿发麻，有点心颤的感觉，还想流眼泪。"

女儿代表一边慢慢转圈，一边慢慢退着走到丈夫代表身边，躺下。

肖然老师："是的，他们俩都想躺下，而且要躺在一起。当父亲被排除在系统之外的时候，家里的女儿就会遭殃。"

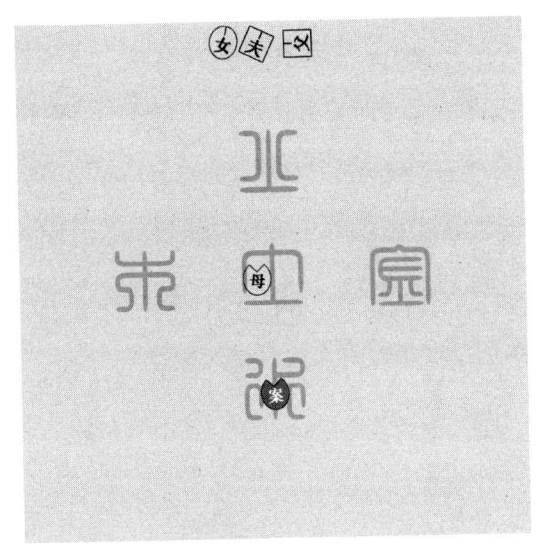

图 3-51

肖然老师问父亲代表的感觉。

父亲代表:"不想睁开眼睛,头痛,心不舒服。"

父亲代表走到躺着的两个人身边,也躺下。

个案代表:"他走过去之后,我就浑身不舒服了。"

肖然老师:"愤怒的背后其实是恐惧。你心里有多少愤怒,就有多少恐惧。"

个案代表慢慢向前走,走到母亲代表身后。

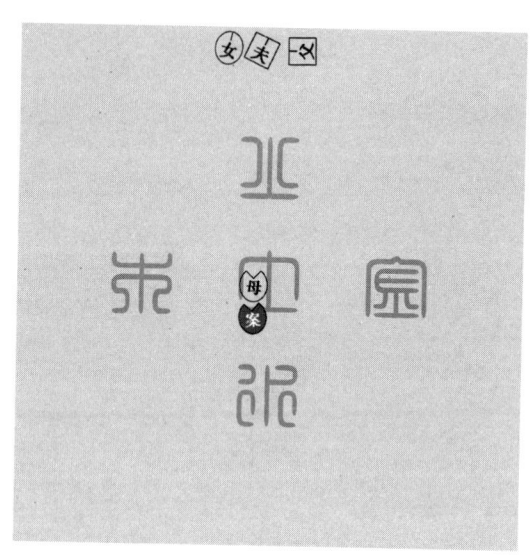

图 3-52

个案代表:"我靠近母亲时浑身颤抖,抖得很厉害,全身都起鸡皮疙瘩。"

肖然老师:"你今天可以想象她(母亲代表)就是你的妈妈,把你的委屈都表达出来。"

案主:"妈妈其实我是很爱你的,我希望你能理解我,不要带着你自己过多的情绪,给我很大的压力。"

肖然老师:"这样表达的时候是没有动力的。你可以对妈妈表达你的恨吗?"

个案代表慢慢从母亲代表身后退回水位。

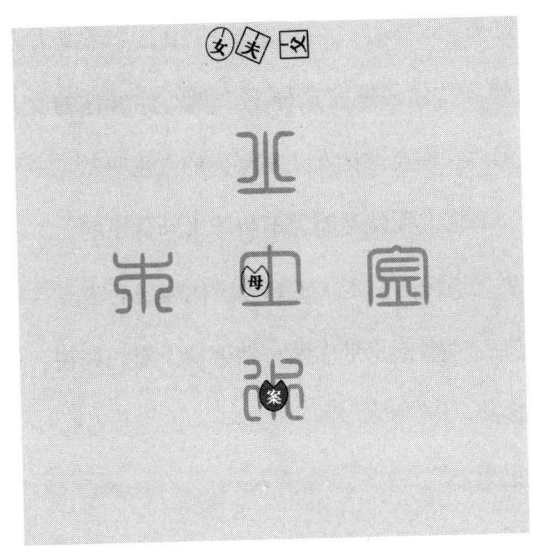

图 3-53

案主:"我感觉面对她的时候没有那种恨了。应该是有点心疼。"

肖然老师:"你想对爸爸说什么?"

案主:"爸,其实你挺可怜的,但是你的性格实在是让人受不了。我知道你现在肯定很痛苦,但我也不知道该怎么救你。"

肖然老师(问父亲代表):"你难受吗?"

父亲代表:"不难受,只是感觉没力量。"

肖然老师(对案主):"其实你走到这一步的时候,我发现能量是无法调和的。知道为什么吗?这么多年以来,你一直在为爸爸妈妈活着,是吗?"

案主点点头。

肖然老师:"你还愿意这样下去吗?你看你的女儿已经倒下了,因为她无力。你愿意让女儿重复你的人生吗?"

案主:"不想,我就是因为不想才来到这里的。"

个案代表又慢慢向前走,走到母亲代表身后。

肖然老师:"来,我带你做一件事情。对妈妈说:妈妈,我为你活了这么多年。"

"我也很累。"

"我走不动了。"

案主重复。

肖然老师:"闭上眼睛,穿越一下这么多年你所经历的事情。你感觉累吗?"

案主:"我已经扛不住了。"

个案代表走到母亲身后,又慢慢地从左侧贴着母亲绕到母亲对面站着。

肖然老师:"叫一声自己的名字。"

案主:"陈嘉欣(化名)。"

肖然老师:"我知道你很累。"

案主开始哭泣。

肖然老师:"去抱抱你自己。"

案主抱着个案代表痛哭。

肖然老师:"对着自己说一声:我看到你了。"

"从今天开始,我有了新的选择。"

"我允许你为自己活着。"

"放下不属于你的。"

案主重复。

肖然老师:"拉着她(个案代表)的手对妈妈说:妈妈我不再为你活着。"

"我要为自己活。我要为我的家庭活着。"

"你和爸爸的事情是你们自己的事情。"

"弟弟是你的儿子,不是我儿子,我没有责任为他活着,也没有责任为他承担。"

"我今天把这一切都放下。"

"我要为自己活着,把你的责任还给你。"

案主重复。

肖然老师:"转过来,对爸爸说:爸爸,你有你自己的人生。"

"我有我的人生。"

"我无法为你的人生负责。"

"我要为我的人生负责。"

"但我真的很爱你。"

"从今天开始，我只做你的女儿。"

"我把你的责任还给你。"

"弟弟是你儿子。我不再管他。"

"但我会很爱你。**谢谢爸爸！**"

案主重复。

肖然老师："你还想跟妈妈说什么吗？"

案主："妈妈，我只希望你能快乐起来，不要思想负担太重，希望你晚年能健康快乐。"

肖然老师："告诉妈妈：我会像女儿一样爱你。"

"甚至会更爱你。"

"但我不再担负你的责任。只做你的女儿。"

案主重复。

在肖然老师带着案主对爸爸妈妈说话的时候，个案代表绕着母亲代表顺时针走到木位，站在那里。

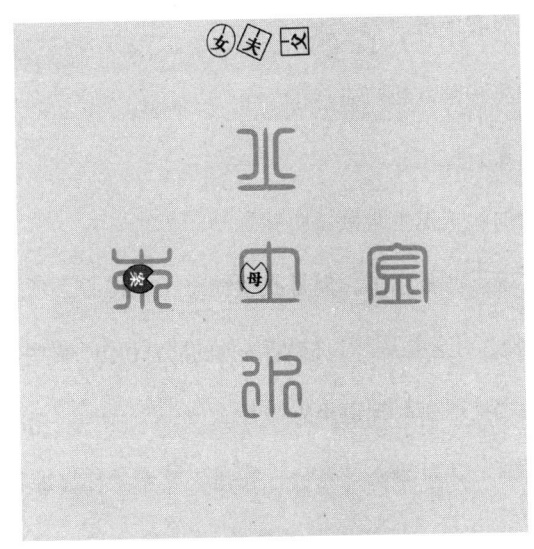

图 3-54

肖然老师:"对你丈夫说几句话,你想说什么就说吧。"

案主:"我觉得我给你的负面情绪太多了,其实你很包容我,很多时候我们吵架是因为我妈妈的原因。我很郁闷,不知道该怎么办。"

肖然老师:"对着丈夫说:我今天要做一次改变。"

"我是你的家人,你们家的媳妇。"

"我会孝顺你的父母,会尊重你。"

"会爱我的孩子。"

"把我不该承担的还给我的父母。"

"我会尊重你的父母。我也希望你尊重我的父母。"

"那是对我的爱。"

"你愿意吗?"

案主重复。

肖然老师:"先生听到了吗?"

丈夫代表:"听到了,但是我很愤怒,很伤心,不想看她。"

肖然老师(对案主):"你愿意为他的愤怒和伤心做些什么吗?"

案主:"我现在不知道该做些什么……"

肖然老师:"对他说:老公,我错了。希望你原谅我。"

案主:"老公,我错了,希望你原谅我。其实我早就想向你承认我的错误了,但就是说不出口。我今天愿意说出来。你能原谅我吗?"

丈夫代表:"不想原谅。"

肖然老师(问案主):"你做了什么伤害他的事情?"

案主:"我就对他说过一句话,从来没有说过的话,带着愤怒说的,说完就后悔了。"

肖然老师:"为你这句话向你先生行一个礼。"

案主(对丈夫代表鞠躬):"请你原谅我,你知道我是真心向你道歉的。我知道你心里很累,其实我也很累。我能理解你的心情,你为这个家庭也付出了很多。"

肖然老师:"你见过他的父母,是吗?"

案主:"是的。"

肖然老师:"你对他的父母怎么样?"

案主:"表面上过得去,其实内心并不是完全接受。"

肖然老师:"来,我带你做一件事情。"

肖然老师请出两位学员代表丈夫的父母,让他们站在土位。

肖然老师:"闭上你的眼睛,给你的公公婆婆磕头。真心地臣服。"

案主磕头。

肖然老师:"说出来:爸爸妈妈,希望你们原谅我。"

"我错了,我应该尊重你们。"

"接受你们。"

案主重复。

丈夫代表和女儿代表坐起。

"爱你们,孝顺你们。"

"我是你们的儿媳妇,是你们家的人。"

案主重复。

丈夫代表站起。

"希望你们能接受我。"

"谢谢你们给了我一个这样的丈夫。"

案主重复。

丈夫代表走到火位。个案代表开始往后退。

肖然老师:"问问你的丈夫:愿意原谅我吗?"

案主:"你愿意原谅我吗?"

丈夫代表把案主抱住。

肖然老师:"闭上眼睛,待一会儿。"

肖然老师(问女儿代表):"你站得起来吗?"

女儿代表:"脚有点重,站不起来。"

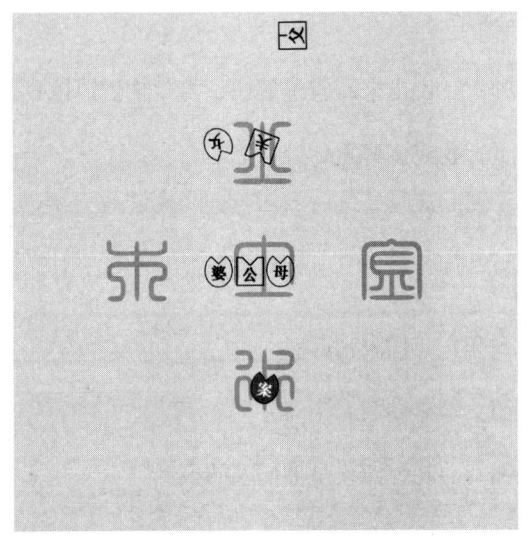

图 3-55

文字说明:公,公公代表;婆,婆婆代表。

肖然老师(对案主):"回顾一下你们在一起时的经历,去看一看丈夫给你的一切,看看你们的感情,看看你们的孩子。还有比这更重要的吗？为爱，试着放下一切。"

女儿代表走到案主和丈夫代表身旁，三人拥抱在一起。个案代表慢慢退到了水位。

肖然老师："站一会吧，可以哭出来。感谢你有这样一个家庭，这样一个孩子。"

三人松开拥抱。

肖然老师："我们能改变自己所能改变的一切，我们能放下自己所能放下的一切，我们可以选择自己愿意选择的一切。"

大家交还角色。

◆ 分享总结

肖然老师："结婚后我们会有两个家庭，原生家庭和现在的家庭。两个家庭也都各自是一个系统。原生家庭是老系统，现在家庭是新系统。一般来说，新系统要先于老系统。也就是说，在夫妻关系中要把配偶放在第一位，其次才是父母关系和亲子关系。在刚才的例子中，丈夫并没有被妻子放在首位，感觉自己被排除了，所以导致夫妻关系不和谐。"

五行系统动力模式千变万化，远远不止这几种。呈现真相，达成和解，让爱流动，让生命延续，让爱疗愈生命，祝福家族。

第四章
家庭中的五行系统动力

在五行系统中，除了序位的影响，还蕴藏着其他的系统动力，这个动力源于我们的集体无意识。作为人类家族，最大的动力就是以爱延续生命、繁衍后代。爱传递着生命，同时也传递着支持、祝福与宽恕。有了这些爱，后代才得以延续，产生生存的动力。在系统中，这些爱有特别的定义：

支持：让后代有价值感；

祝福：让后代有幸福感；

宽恕：让后代无罪疚感；

所以，爱是家庭治疗的疗愈动力。

第一节　系统尊重

家族系统除了包含存在于家庭内部的序位之外，还拥有一种系统序位。系统序位是需要被尊重的。每个家庭成员在自己的家族中的位置被尊重，称为系统尊重。系统尊重是平等的，只要你是这个家族的一员，你就会受到整个家族系统的尊重；如果某一个家庭成员的位置没有得到足够的尊重，家族系统里的其他成员就会为此付出代价，这被称为系统牵引。

例如，如果家里有一个成员死去后被家里所有人遗忘，那么这个位置就没有得到尊重。如果一对夫妻堕胎超过四个，那么在某种程度上可以说这对夫妻已经离婚了。如果这个堕胎不被两个人承认，被忽略掉，他们的夫妻关系就会受到影响。如果下面还有孩子，那么这个被堕掉的孩子就会对后面的孩子产生影响，会让后面的孩子有自杀倾向。

如果男人先后娶过两个妻子，第一个妻子需要被第二个妻子尊重，如果不被尊重，男人和第二个妻子的关系就会不稳定并产生冲突。因为第一个妻子的能量存在，这个关系就会为此付出代价。两个妻子是指事实上的妻子，系统动力和法律没有关系。离婚的家庭也一样。但如果丈夫不尊重第一个妻子是由于她未尽到应尽的妇道，与第二个妻子无关，那么家庭关系就不会受到影响。如果第一个妻子因为丈夫的原因选择离婚，而丈夫内心依然尊重她，第二个妻子也尊重她，那么这个关系也不会受到影响。

在亲密关系中女性也一样。如果一个女人有两个男人，这个女人对第一个男人不再尊重，那么这个男人就被这个女人排除在家族系统之外了。只有这个女人同时尊重第一个男人和第二个男人，第二个男人也尊重第一个男人，这个关系才能保持稳定。

● 案例一：不被尊重的丈夫

◆ 案主陈述

案主："我一般不太说家庭，觉得没什么特别的快乐值得诉说，也不想与人分享自己的不愉快。所以很多时候大家看到我都是很阳光的。但是我内心也有痛苦，我不倾诉，不过家人都知道，我的心理咨询师也知道。我的优点是个性善良、温和，对爱执着，缺点是不够耐心。我有一儿一女，儿子过于诚实、善良；女儿聪明、固执、自私和清高，她有清高的资本，但是我不允许她这样。我画不出家庭图，是因为她的父亲有时存在，有时不存在。我视孩子的父亲为赚钱的机器，没有情感。两个孩子都是我一手带大的。我很累,他们主要遗传了我,父亲完全没有给他们教育、支持、温暖,除了给钱,其他什么都没有。"

肖然老师:"我重复一下你所说的话:'我是一个不愿意把自己的快乐和痛苦分享出去的人,然而我又是一个阳光的人,别人看见的是快乐的我。我非常纠结,不愿意画出家庭图。我的女儿聪敏而清高,儿子很诚实、很善良,丈夫是个赚钱的机器。'你听了这番话是什么感觉?"

案主:"烦躁、纠结。"

肖然老师:"那我说这样一段话:'我们家庭的所有人都在这里得到关爱和支持。我们都是安全的,我们这个家庭会走很远。在这个家庭中我们可以敞开心扉、共同成长,我们可以让自己的爱和所有的情绪流动,我们允许自己得到疗愈。'你听到这段话又是什么感觉?"

案主:"很舒服。我内心有这样的向往,所以才来这里分享,一般我不分享。"

肖然老师:"很感谢你!在这里,我们共同成长;在这里,我们共同爱护和包容;在这里,我们有共同的支持;在这里,我们允许自己以任何的状态存在,让我们真正地发生改变。这是个疗愈的场所,也是个成长和学习的场所。我希望在这里,你原来封冻的部分能够得到溶解。"

肖然老师:"你的家庭图是这样的:在你心目中,你自己在火位,也在水位。如果是这样的话,丈夫被排除在外,土位是破坏的。女儿有可能在水位承担,也有可能在火位承担,这样的关系不清不楚、没有界限。女儿离不开妈妈,两个女人都很强势,互相控制。儿子可能在金位,不太承担。儿子诚实、善良、温柔、敦厚,儿子成了女儿。这个家庭图中,每个人的状态是怎样的?我们来呈现一下,看看能量如何运动。"

◆ 五行呈现

肖然老师:"分别找出你的儿子、女儿和你自己的代表。我们会发现我们选择角色的时候永远都选最适合的那个。闭上眼睛,进入感觉。"

女儿代表往其左手边移动。

儿子代表身体往前倾,好像要倒,又走了几步。

肖然老师:"不要硬撑着。五行图场的能量非常大,这是一种系统牵引力。这个家庭稳定吗?当父亲不被尊重的时候,土位是散的,家庭成员是混乱的。"

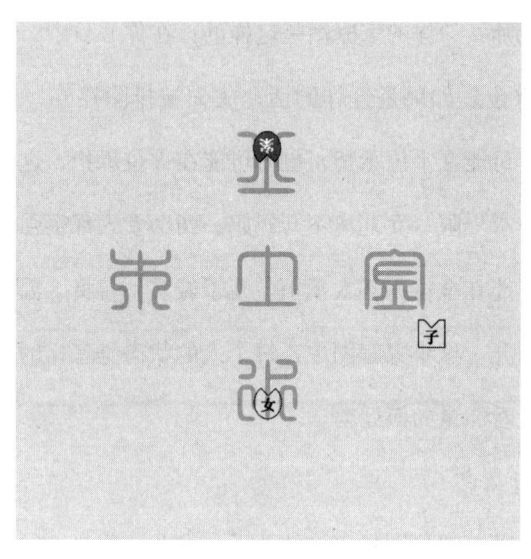

图 4-1

文字说明：案，个案代表；子，儿子代表；女，女儿代表。

图形说明：方形代表男性；圆形代表女性；缺口方向为脸的朝向。

肖然老师请出一位代表站在土位，她特别稳地站在中间。土位是代表家族系统的祖宗。

祖宗代表觉得头上有些旋转。

肖然老师："你丈夫的家族是个大家族，能量非常大。是吗？"

案主："是的，丈夫的兄弟几个家庭都很兴旺。"

案主："我的儿子是他们家的长孙，但是他们都不喜欢我的儿子，这是我几十年一直很纳闷的事。"

图 4-2

文字说明：祖，祖宗代表。

肖然老师："那是你的感觉。"

案主："但现实生活的确是这样。"

肖然老师："你知道为什么吗？这是因为在一个家族系统中，父亲没有得到尊重。你觉得你尊重丈夫吗？"

案主："没有。"

肖然老师请出一位代表代表案主的丈夫，丈夫代表站在系统外侧。

丈夫代表："觉得浑身发麻。手在出汗，全身像过电一样。"

看家族系统最重要的是看丈夫。女儿和祖宗代表都朝向丈夫。

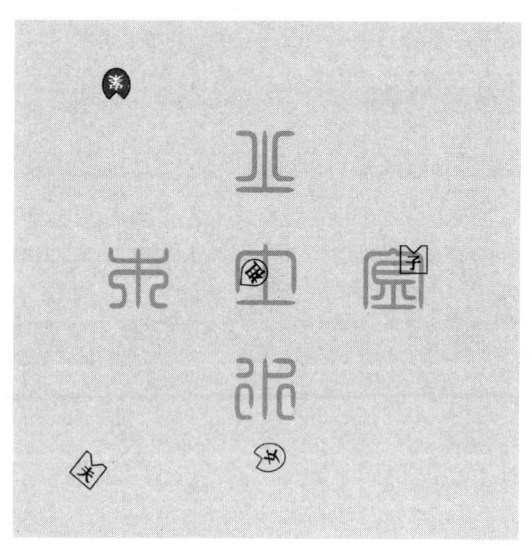

图 4-3

文字说明：夫，丈夫代表。

肖然老师："在一个家族系统中，如果父亲不被尊重，那么祖宗就不会看孙子。家族系统排列只呈现事实，系统动力只呈现真相。"

场上各个代表顺着能量在移动，女儿无力地倒在地上。

肖然老师："你丈夫真的不关心他的孩子吗？"

案主："从金钱方面来说是有的，但是从情感、关怀方面来说是没有的。"

肖然老师："我可以这样理解你吗？你对你丈夫有情绪。"

肖然老师："土位现在什么感觉？"

土位代表："我现在可以看她（案主）了。"

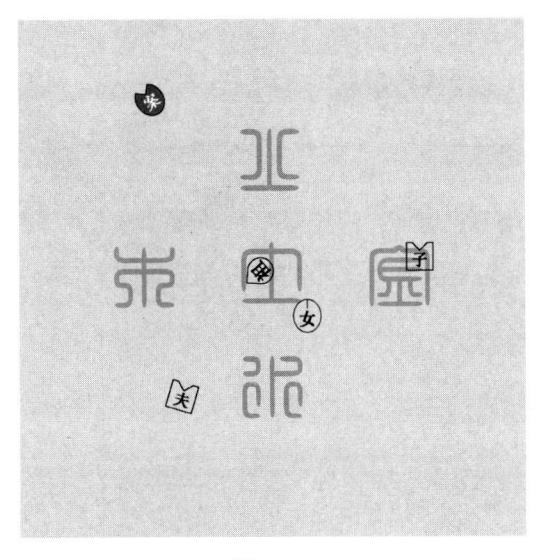

图 4-4

　　肖然老师："如果能量很大，那么系统就会回归到和解状态。在现在这个家族系统中，丈夫到底在什么位置？在水位。"

　　肖然老师："你爱你丈夫吗？"

　　案主："以前是爱的，现在应该不爱了。"

　　肖然老师："你觉得是你们两个谁变了？你对他还有很多情绪吗？"

　　案主："现在没有了。"

　　肖然老师："你觉得你是放弃了，还是放下了，还是绝望了？"

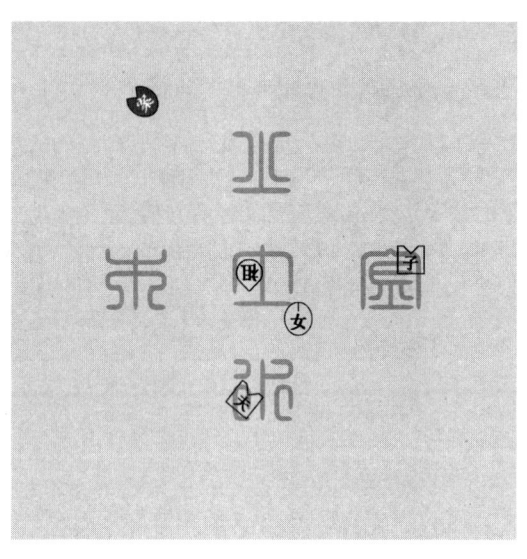

图 4-5

案主:"放下了。"

肖然老师:"你是准备和他离婚吗?"

案主:"已经离婚了。"

肖然老师:"既然你已经离婚了,那我带你做一件事。看着他说:你是孩子的爸爸,从今天开始我选择尊重你,你永远是孩子的爸爸,是孩子心目中顶天立地的男人,我感谢你,并带领孩子尊重你,感谢你,我学会臣服。"

案主重复肖然老师的话。

肖然老师:"丈夫什么感觉?"

丈夫代表:"觉得不完全是真心的。"

肖然老师："其实呢，我不知道发生过什么，你丈夫真的没有得到应该得到的尊重。女儿趴在那里什么感觉？"

女儿代表："无力感。"

肖然老师："因为女儿最需要父亲的力量。"

肖然老师问个案代表："什么感觉？"

个案代表："想哭的感觉。"

肖然老师："我们为了这个孩子和这个系统做一件事情，好吗？告诉丈夫，你愿意回到妈妈的位置。"

案主："好的。"

肖然老师："来，把你自己的代表带回水位，用真心去带，这里面是有能量的。你不用真心，带过来，她还会回去。"

肖然老师："对丈夫我说：我愿意臣服，我就是女人。"

案主（对丈夫代表）："我愿意臣服，我就是女人。"

案主把个案代表带回水位。

肖然老师："对你丈夫说：我尊重你，我尊重你在孩子心里的位置。我把你带回火位。"

肖然老师："对孩子们说：你们属于爸爸的系统，我只是你们的妈妈，他是你们的爸爸，他支持着你们。我选择从今天开始尊重你们自己的系统。"

女儿站立起来，走到金位向前，儿子也回到木位。

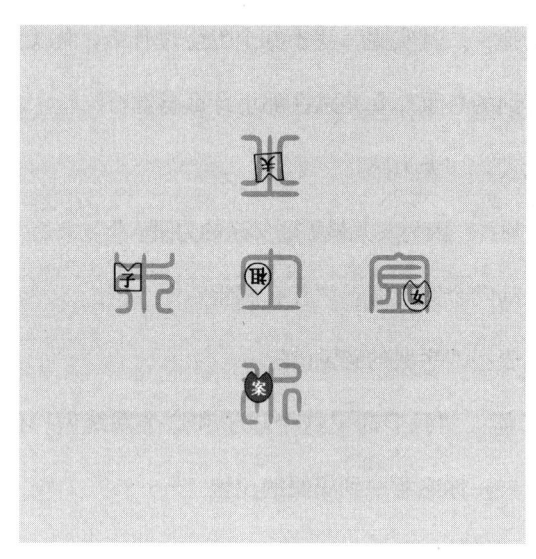

图 4-6

肖然老师:"这就是力量,当我们愿意臣服于系统,系统会自己达成和解。当我们用自我的想象去做事情的时候,其实系统是混乱的。"

肖然老师:"说出来:我永远是你们的妈妈,无论你们走到哪里,我永远是你们的妈妈。"

交还角色。

◆ 分享总结

丈夫代表:"刚开始上去的时候,心跳加快、头皮发胀,有股力量推着我向前走。当她对我说话时,全身发麻。当她说我要臣服于你时,我又全身发麻,我心里知道她没有说真话。"

个案代表:"上去时,我控制不住往后倒,心慌、胸闷。她丈夫上来以后,我觉得有想哭的感觉。当我走到水位后,我的双臂到后面都没有知觉,感觉心里很委屈。"

女儿代表:"我在水位时就想往后退,爸爸上来后,我走到土位,腿很无力,于是就倒下了。后来妈妈对爸爸说了一些话以后,我感觉有些力气了,慢慢能站起来了。"

儿子代表:"我在场内,一会往前,一会往后,后背很热,后来水火归位后,我想站却站不住,直到去了木位才站稳了,后背也不热了。"

肖然老师:"前妻在原家族系统中已经失去了这个位置,所以她不断向后退。当看到这个场景的时候,我们基本可以判断这对夫妻已经离婚了。当妻子在这个系统中往外走时,她已经失去了自己的位置。如果妻子再婚,那么她将归属到另外一个家族系统之中。孩子的归属感则永远属于父亲的家族系统。但在孩子心中,母亲永远是有位置的。如果男人娶了第二个妻子,她取代了原来妻子的位置,那么在这个家庭中,孩子要尊重第二个妻子,第二个妻子在心中也要尊重第一个妻子,要知道因为有了第一个妻子的离开,才有了她的位置,她才能和这个家庭的孩子产生融洽的关系。第二个妻子在这个系统中已经高于第一个妻子。第一个妻子应该对第二个妻子产生感激,感激你代替我抚养我的孩子。去世的妻子永远有位置，并且在家族系统中永远处于优势的位置。去世的妻子的序位高于第二个妻子。第二个妻子对去世的这个妻子不是感谢，是尊重，这是两种动力。第二个妻子必须尊重第一个妻子，她才能在这个地方待住，否则就会引发系统问题，影响家庭。去世的妻子是永远有位置，有序位的。

"离婚的女人的孩子永远属于孩子亲生爸爸的家族系统，即使妈妈改嫁后带走了这个孩子，这个孩子仍属于亲生爸爸的家族系统。如果女人改嫁后又离婚，那么也不能回到原来丈夫的系统，这个位置永远回不去了，原系统已经不接纳她了，她属于原来的娘家系统。

"如果在系统中，丈夫不再娶妻，即使外面找多少女人，那些女人也不能被纳入他的系统，那些只是他的生活而没有形成仪式，没有得到家族的认可。

当男人和妻子之外的其他女人发生了关系，那么他就和这个女人产生了连接。但对系统来讲，这是没有关系的。系统不接受没有仪式的婚姻。不是领取结婚证的问题，而是系统承认。同居的男女双方即使没有领证、没有仪式，如果家人都认可他们的关系，那么也可以进入系统。只有得到家族认可的关系才可以进入系统。而如果女人生了孩子，那么这个私生子就会永远归属在系统里，孩子的妈妈也会归入系统。有些女人和孩子的父亲最终没有结婚，两人分开了，但孩子和妈妈仍然在系统中，因为系统会对妈妈有愧疚，系统会把这个能量传递下去。"

● 案例二：被复制的家庭关系

◆ 案主陈述

我的公婆水火不容，在吵吵闹闹十多年后他们离婚了。现在我们夫妻也经常争吵，我女儿就特别痛苦，性格很自卑，想法都很负面。好在我开始有些自我成长，我们的关系也有所改善，女儿性格也有了变化，人变得积极阳光了。婆婆离婚后过得很好，兴趣爱好广泛，有志同道合的朋友。我对公公不太清楚。我先生对婆婆有很多愤怒，不愿意谈论他们的事情，偶尔过节会带女儿去看望公公。我想解决的问题是，我在家庭中如何做才能让家庭更好。

◆ 五行呈现

案主找出丈夫代表、本人代表、公公代表、婆婆代表、女儿代表。

肖然老师："能量不会骗人，是相通的。大家闭上眼睛，进入你的感觉，随着你身体的牵引来运动。"

丈夫代表出来先站在火位，过一会又走到木位。婆婆代表在土位。个案代表在水位。女儿代表在金位。公公代表慢慢从水位与金位之间的角落退出场外。女儿代表慢慢离开金位，退到金位与水位之间角落。

肖然老师:"这个五行图在转动,女儿走了,公公走了。这个动力永远是你意想不到的。"

女儿代表慢慢向公公代表靠近,然后站在公公代表身边。

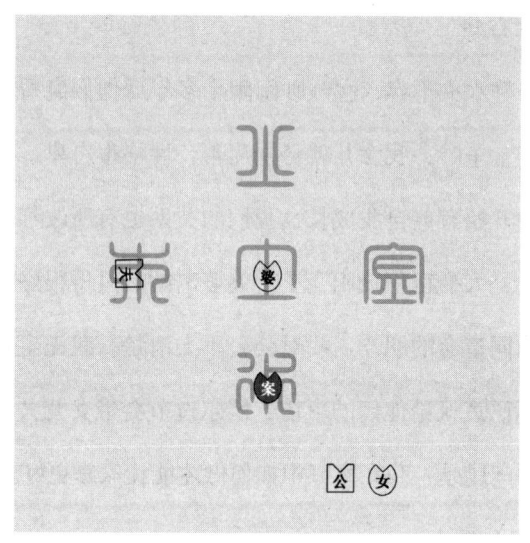

图 4-7

文字说明:案:个案代表;女,女儿代表;夫,丈夫代表;婆,婆婆代表;公,公公代表。

肖然老师:"女儿找谁去了?她在寻找她的系统归属。"

肖然老师(问丈夫代表):"望着她(女儿)去到那里,什么感觉?"

丈夫代表:"逃避。"

婆婆代表:"完全没感觉。"

案主:"对,真的是这样的,她完全没有感觉。"

肖然老师(对案主):"你的系统动力是这样的,女儿认同爷爷,也在寻找系统归属。然而这个人已经不在这个系统之内了,丈夫的愤怒源于系统。你做一件事情试试,看丈夫有没有感觉,好吗?"

肖然老师(拉着案主走到公公代表面前):"来,你叫他什么?"

案主:"爸爸。"

肖然老师:"对公公说:爸爸,我们是你的孩子。"

"那是你的孙女。"

公公代表向前走两步。

"这个家永远是你的,永远有你的位置。"

公公代表不时地回过头去看女儿代表

女儿代表:"爷爷看向我时我就想笑。"

肖然老师:"对啊,女儿特别喜欢爷爷,这是一种认同。"

公公代表:"就是想看孙女。情不自禁地想看她。"

案主:"虽然没有经常见面,但每年过年爷爷都会给女儿买礼物。"

肖然老师(对案主):"告诉你女儿,那是她爷爷。"

案主(对女儿):"那是你爷爷。"

肖然老师问丈夫代表的感觉。

丈夫代表："对母亲有愤怒，对妻子的不作为有点厌烦。"

公公代表转过身去面向场外，背对着案主。

肖然老师（对案主）："对公公说：无论你是什么样的爸爸，我们都尊重你，你都是对的。"

案主（对公公代表）："无论你是什么样的爸爸，我们都尊重你，你都是对的。"

公公代表转过身来，面向场内。

"我们愿意臣服。"

案主重复。

公公代表转过身来面向女儿代表。

"我们学会臣服和尊重你。"

"让孩子学会臣服和尊重你。"

案主重复。

女儿代表向前移动两小步。

"记住你，把你放在爷爷的位置。"

案主重复。

女儿代表慢慢地小步向前走，在离金位还有两步的地方站住。

肖然老师（对案主）："当土位得到尊重时，孩子才能回来，知道吗？"

案主点点头。

肖然老师（问丈夫代表）："你有什么感觉吗？"

丈夫代表："烦躁。对我母亲有意见。"

肖然老师又问公公代表的感觉。

公公代表："脖子疼。"

肖然老师："公公也有愤怒。"

肖然老师："你对先生说几句话：我知道你背负着爸爸的愤怒。"

"我很理解你。"

"无论你怎么样，我是你的妻子。"

案主重复肖然老师的话。

丈夫代表："你是我妈。"

案主："真的就是这种感觉。"

肖然老师问个案代表的感觉。

个案代表："我觉得站不稳，整个头皮发麻，心里发慌。"

丈夫代表："你很讨厌，凭什么老管我，凭什么老冲着我。"

肖然老师（对案主）："其实你很自然地就成了他妈妈。"

案主："是的，我总觉得他太孩子气了，总想要修正他。"

肖然老师（走到女儿代表跟前）："你看女儿还有两步才能走到金位。"回到案主身边，指了一下丈夫代表，继续说："告诉他：我是你妻子，不是你妈妈。我再也不管你了，你爱怎么样怎么样。随你便吧。"

丈夫代表："我不需要你。"

案主："你爱怎么玩就怎么玩。"

丈夫代表："诓我？"

女儿代表往前挪动一小步。

肖然老师（对案主）："你看你女儿在往前走，她在归位。"

停顿了一下，肖然老师说："先生是这样的状态吗？"

案主："是在逐步改善，但是……"

肖然老师："你做得到不去管他吗？"

案主："嗯，反正原来有很多争吵。"

丈夫代表："说那么多干什么，一句话不就完了。"

肖然老师（对案主）："你说一句话，说出来他就会改变了。告诉他：在这个家里，我要学会尊重你，尊重你的位置；你是女儿的爸爸，我的丈夫。"

案主重复。

丈夫代表（把头扭到一边）："不信。"

肖然老师（对案主）："你要是不用心，他能信你吗？"

个案代表一步一步走向火位。

肖然老师（对案主）："你看她在什么位置？去火位了吧？"

丈夫代表快步走到水位。

个案代表走到火位，站住，面朝火位与金位中间角落方向。

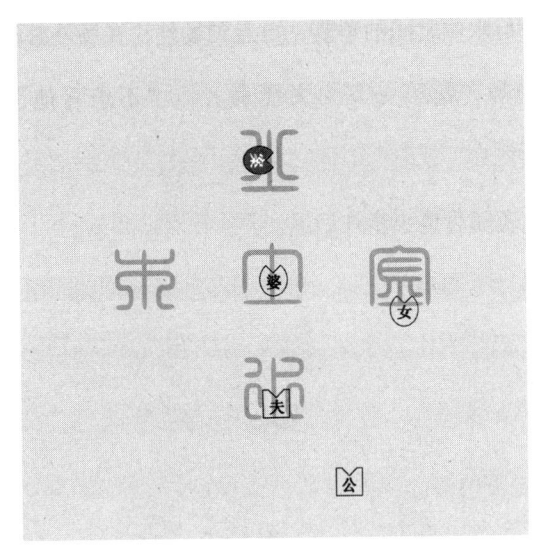

图 4-8

肖然老师（对案主）："你们家你就在火位。"

案主："我不想这样，女人应该在水位，男人应该在火位。但是家里没人管也不行啊。"

丈夫代表在案主话还没说完时就开始摇晃身体，做出一副不屑的样子。

肖然老师（问个案代表）："站在这里是什么感觉？"

个案代表："先前站在那儿（水位）很不舒服，看见的是很多背影，看到先生的时候我觉得不能信任他，不管他怎样，我总是觉得他是不能被信任的。站在这儿,我并不想看见他。"

丈夫代表在个案代表说话的时候退到水位与木位之间的角落,又走到金位与水位之间的角落,再走到场外,在场外游荡。

肖然老师(指了一下丈夫代表):"不想看他,你看,他就走了。"

女儿代表随后也小步往后退。

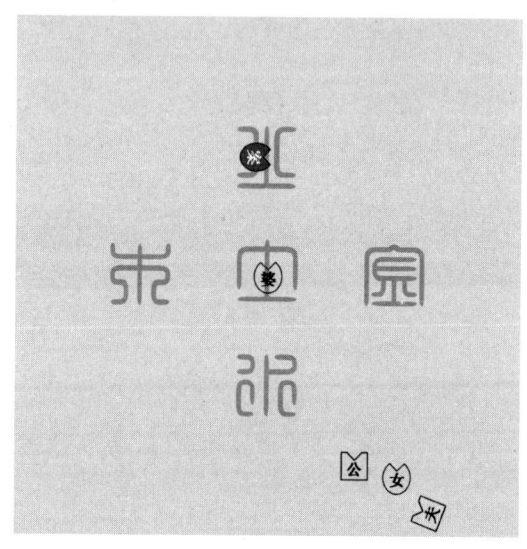

图 4-9

肖然老师(对案主):"女儿也要走了。这个位置(火位)好吗?"

案主:"不好。"

肖然老师:"但是你放不下,执着呀!"

案主:"我努力放下。"

肖然老师:"丈夫在你心里到底什么位置?"

丈夫代表(代替她回答):"没位置。"

案主:"我也不会那么极端,肯定有,不然……"

丈夫代表:"没有!"

肖然老师(转到案主背后):"后背非常厚,是承担了过多的责任。这样的人在水位,没人相信。"

丈夫代表:"我有期待的,我期待她的柔软。"

肖然老师(对案主):"你这样试一下,蹲下一只脚,伸出一只手。"

案主在丈夫代表前单膝蹲下,伸出右手。丈夫代表用右手握住案主伸出的手。

丈夫代表(似乎也要蹲下了):"我感觉她的手有点软。"

个案代表慢慢地从火位退回到水位附近。

肖然老师(对案主):"当你真的臣服的时候,她(个案代表)就回来了。对你丈夫说:老公,其实我可以臣服的。"

"当你强大的时候,当我信任你强大的时候,我的心就会变成这样。"

"从今天开始,我相信你是个负责的男人,我把担子还给你。"

"请求你原谅。"

"可以吗?"

案主重复肖然老师的话。

丈夫代表:"我感觉很累。"

在肖然老师带着案主向丈夫诉说时,女儿代表慢慢走向金位,站在金位旁。个案代表绕着水位转了半圈,在水位外侧站住。公公代表向前走了两步。

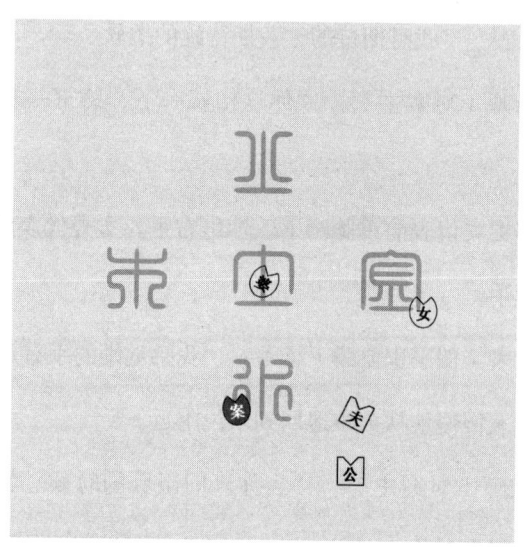

图 4-10

肖然老师:"其实这个动力已经在发生作用了,女儿已经回来,公公也要回来。当丈夫被尊重的时候,公公就要回来了。"

丈夫代表松开案主的手走到金位,面朝女儿,过一会转过来看着水位。

肖然老师（对案主）："对丈夫说：'我要学会相信你。'"

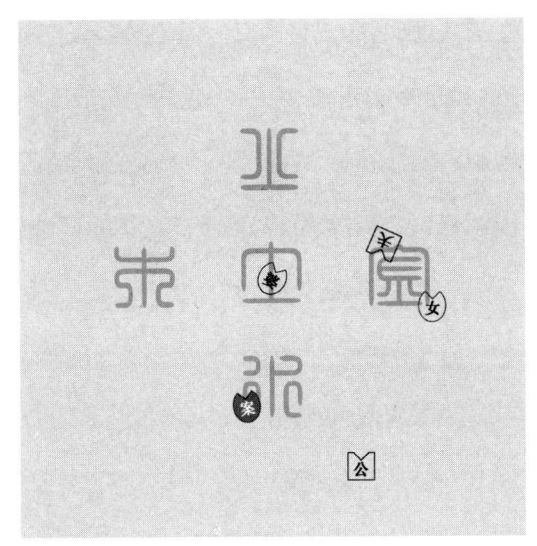

图 4-11

"给我点时间，我会慢慢成长。"

"我会尊重你，也会尊重你的爸爸。"

个案代表慢慢向后退到场边。

女儿代表慢慢退到水位与金位之间的角落。

丈夫代表："不许捣乱啊。"

案主："从此你是一家之主。"

丈夫代表走到火位。

个案代表慢慢往前走向水位。女儿代表慢慢走向金位。

肖然老师（对案主）："对你婆婆说几句话：妈妈，你要为了自己，也要为了这个家庭。"

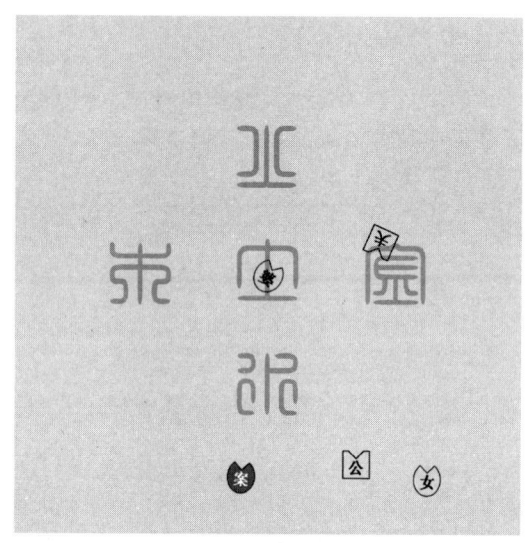

图 4-12

"我不管你是怎么想的，我要尊重爸爸。"

"他才是我们一家之主。"

"我们听他的，并尊重他。"

案主重复肖然老师的话。

公公代表慢慢走到土位与金位之间，站在婆婆代表右侧。

丈夫代表："我觉得心里舒服些了，也有些愧疚，并且开始关注女儿。"

女儿代表："现在感觉心里平静了。"

婆婆代表转过来，面向金位。

肖然老师（对大家）："当丈夫舒服了以后，他在看他的女儿，他的愤怒留在了他母亲身上。"

婆婆代表拉起公公代表的手，并用手摩挲公公代表的手臂，两人面对面站立。

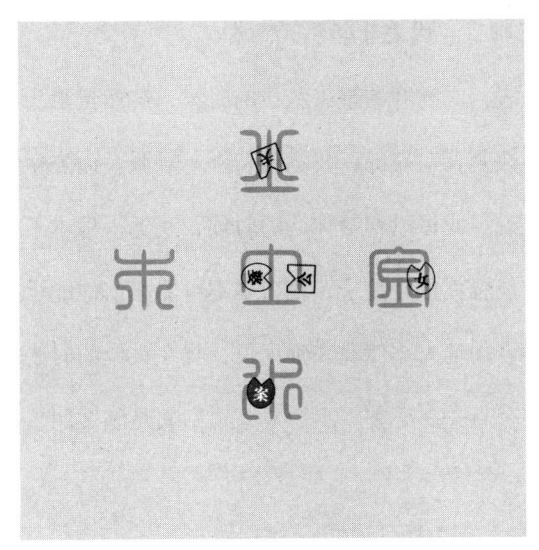

图 4-13

肖然老师："我们看到的往往是表象，其实真相就是这样。"

案主："这样的话，我的家庭就圆满了。"

肖然老师："这个案主已经和解了。"

大家交还角色。

◆ 分享总结

肖然老师："我在深圳遇到过一对老夫妻，男方80岁，女方76岁，几十年都在争吵，闹离婚。他们上完这个课程到现在有五年了，现在和好了，恩恩爱爱。我们这个课程可以帮助很多痛苦的家庭幸福起来。"

肖然老师："代表分享一下感觉。"

个案代表："我开始想去水位的时候，突然觉得头皮发麻，发胀。当时婆婆是背对我的，我觉得特别不舒服。而先生在木位，当案主对先生说'我可以相信你'的时候，我觉得根本不相信，因为他站在那个位置就像个孩子，我根本不可能相信他能承担责任。随后有一种无名的动力驱使我来到火位，我在火位的时候是不想看家里的，心中一直关注婆婆，不想看这边到底是怎么回事，我的脸朝着外面。"

肖然老师（问案主）："她说的是你吗？"

案主："对，婚后有一段时间，我发现丈夫就像个孩子，特别是在发生了一些事以后，我很难信任他。"

肖然老师："当你选择信任的时候，他就能承担责任。"

案主："家里的担子在不知不觉中就放到了我肩上，其实我内心也很痛苦、委屈，觉得这不应该是我做的。"

肖然老师："其实他们家有一个隐性动力在支持公公婆婆的和解。

当我们真的发生改变的时候，这个动力就会促进系统的和解。当她（案主）去臣服的时候，你（个案代表）就自然退回来了。"

个案代表："对，案主一说臣服，马上就有个力量带着我往后退。"

丈夫代表："作为丈夫代表，我感觉妻子的原生家庭也对这个家庭影响很大。开始时我对女儿一直不关注，直到她改变了态度，向我说了那些话之后，我才开始关注女儿。我在木位时会觉得有点愤怒，在水位时会觉得她对我十分控制，管得特别多。"

公公代表："作为公公代表，我一直关注着孙女，对她有一种怜爱的感觉，想看着她。听到案主和丈夫之间的对话之后，我心里很感慨，也很无奈，还有点愤怒，胸口燥热，有怒火。走到这里的时候，有点想过去，可是两腿发麻过不去。后来当感觉到案主那种真心的转变之后，尤其是当丈夫再回到火位，我忽然感觉自己的位置和刚开始入场时的位置不一样了，有一种很温暖的感觉，然后我就把注意力转移到了婆婆身上。"

女儿代表："我刚开始的时候就想走出去，其实还想继续走，但走不过去，就站在那边。当爷爷看着我时我就特别开心，特别想笑。后来父母和解之后我就回来了，感觉松了一口气，特别放松。"

婆婆代表："我在前面一直没反应，感觉所有人都不关我的事。但到后来她说话的时候，我心里有一点点不舒服。但是等到公公代表走到我旁边，我还是情不自禁地转身了，伸出手去摸他。"

第二节　系统归属

在系统中存在着尊重，每个人的位置都需要被尊重，这叫序位尊重。因为有了序位尊重，才有了系统归属感。遵循这个法则，对系统产生良知，这叫系统良知。系统良知使我们有了罪恶感和愧疚感。愧疚会让人改变，罪恶则会让人死亡。

一个家庭中，每一个人最需要的就是归属感，但我们很多人都缺乏归属感。出国的人都有一种感觉，那就是缺乏对所在国家的归属感。他对所在国家的归属感越缺乏，对祖国的热爱就越强烈。

我发现，有些人的脊柱是一条深深的沟，这样的人是自由成长的，与父母关系疏离，他对家庭也没有归属感。当他缺乏对家庭的归属感时，他就会在一个更大的系统中去寻找归属感，常见的就是宗教信仰，不过也有人会走上一条错误的道路。

● 案例：与父亲无法连接

◆ 案主陈述

案主："我父亲在小时候被过继给本家的伯父，在"文革"时期被批斗，与家族脱离了关系。我家姐妹两个，在我年幼时，父亲去世。妈妈带我们改嫁后又离婚，后来我们都改随母姓。我的问题是一直与父亲连接不上。改姓会影响我的归属感吗？"

肖然老师："系统动力和姓什么没有关系，不论你姓什么，你还是在这个系统中。如果把以前的系统遗忘了，确实会直接影响你的婚姻。我们来做一次排列。"

◆ 五行呈现

肖然老师："分别找出你的姐姐和你自己的代表，还有你父亲、母亲的代表，让他们站在你认为的位置。"

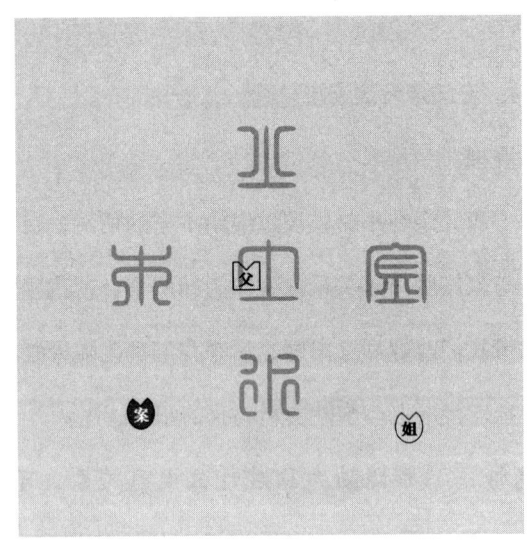

图 4-14

文字说明：案，个案代表；父，父亲代表；母，母亲代表；姐，姐姐代表。

个案代表在场上移动，先是往右移，然后走到火位面对父亲代表。父亲代表有些站立不稳。

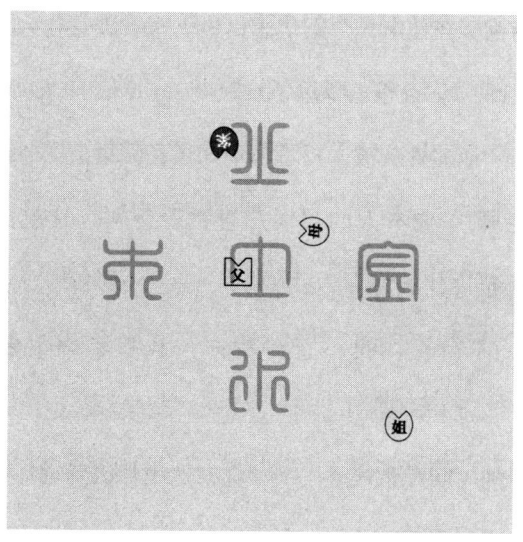

图 4-15

母亲代表上来后就往后退。个案代表又从火位移往木位。父亲站立不稳倒在地上。

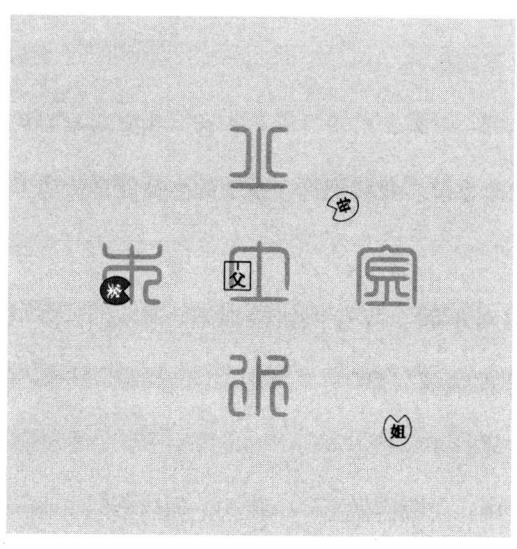

图 4-16

看到爸爸躺在地上,个案代表也坐下来看着爸爸。

肖然老师:"你爸爸去哪里了?"

案主:"他的骨灰被人扔了,不知道在哪里。"

肖然老师:"你本人的代表一直看着爸爸,这就是寻找。你今天想和爸爸说什么?"

案主:"爸爸,我一直在找你,我找了你很多年。我想回家。"

肖然老师(问母亲代表):"你在这里什么感觉?"

母亲代表:"呼吸急促。"

肖然老师(对案主):"来,对妈妈说:我属于爸爸的系统。"

"我是你女儿,永远是。你放心吧,我很爱你。"

案主重复。

肖然老师:"来,对爸爸说:爸爸,我想给家族系统做点事,我归属于这个系统。我会把这个系统的生命能量传递下去,希望爸爸支持我。"

"爸爸对不起。我会把你接回来,永远把你放在心里。你安息吧,你的灵魂安息吧。"

案主重复。

肖然老师:"我们做了一个仪式,你体会到了吗?你缺乏的就是这个力量，你真的要做些事情，去看看他，给他立个灵牌，告诉爸爸你给他找了个位置，你要把他入土。"

案主（跪倒在地）："爸爸，我会给你找个位置安置好，你安息吧。"

肖然老师："其实过往的人不得安宁，家族的人就不得安宁。交还角色，抱抱你的爸爸。"

案主抱着爸爸久久不愿松开。

◆ 分享总结

肖然老师："过世的人不被安置，等于系统能量断裂，后代人就会得不到祝福。离婚的母亲不属于父亲的家族系统，但是孩子既属于父亲的家族系统，也属于母亲的家族系统。虽然这两个系统之间没有关系了，但是孩子和两个系统都有关系。"

父亲代表："我在土位大约不到一分钟，觉得头晕，很难受，站不住，我用自己的力量抵抗，但是后来实在晕得不行就倒下去了，并且肝这里很痛。"

案主："我爸爸是肝癌去世的。"

肖然老师："能量是不会骗人的。"

案主："刚才您说的仪式，要昭告天下吗？还是？"

肖然老师："不用昭告天下，在能量场中就可以和解。你父亲的仪式，是做个牌子，刻上名字，放起来，入土，立个碑，每年去祭奠。"

案主："好的。老师，前面我告诉你父亲去世了，为何后来你问我父亲去哪里了？你是怎么感觉的？"

肖然老师："咨询师做排列，感觉必须灵敏，要抓住瞬间的能量变动。当时父亲代表的手势看起来就好像他在寻找什么，有一种能量，想回归。"

案主："为什么不是他来找我们呢？"

肖然老师："你父亲和家庭脱离关系根本就不是自愿的，而是被迫的。他心里根本没有和家族脱离关系。"

肖然老师："一个灵魂，存在于世间，就是一种能量的显现。所有的能量就像河流一样，当形成漩涡时就会对我们产生影响。"

"我们让她做这个仪式，就是在这个河流中搅动了这个能量。在量子物理学中，我们的意识其实就是微粒颗粒形成的无数稀薄的微粒，它其实是一种物质，确实存在于这个空间中。但是这个物质没有意志、没有思想，它只是能量，按照当时的一个方向传递。就像我拿一把枪朝着某个靶子打出一颗子弹，可就在扣动扳机的瞬间，我发出一个指令，改了方向，这颗子弹可能去往一个不该去的地方。而我们在调整的时候，调整发枪的这个部分，把那个指令挪去，我们让他完成最初的想法，比如说爸爸在临死之前，他可能有一个想法，这个想法就相当于手机发送的短信，其实是有靶向的，可是这个信息因为某种社会原因没有完成，而我们替这个靶向找到它的靶，让这个能量停下，当这个能量停下，后代才能安全地生活。

"骨灰不重要，信念必须在。我们的骨头细胞都是慢慢更新的，七天完成一次更新，也就是说，七天你的身体就换了一次，原来的身体早就没有了。我们死后，我们的身体会回归大自然。基督教中祭奠人时会说：该归大地的归大地，该归上帝的归上帝。该归上帝的就是你的生命能量。比如说我用一把电子枪发出一个电子，那个电子和这把枪有关系吗？把枪扔了，那个电子还在吗？那个电子是一种能量，而枪是个物质；我们身体是那个物质，是这一种世界合成的，它有灵魂吗？没有。灵魂其实是另外一个生命的能量，也是一种流动的能量。这个能量在的时候，人是有意识、有思维、有逻辑的。大家想想，我发出的信息还有逻辑吗？它没有逻辑、没有思想了，我们只是给了它一个理由，让它去到该完成和解的地方。明白了吗？这就是排列。"

第三节　系统认同

当我们对家族系统有归属感时，就会产生系统认同。在我们常见的认同中，主要有三种认同：身份认同，死亡认同，情绪认同。

一、身份认同

如果系统中曾有人被遗忘，那么现在的家庭中就会有人对这个被遗忘的人产生认同。

● 案例一：寻找父亲的人

◆ 案主陈述

我想改善我和我丈夫的关系。以前我一直坚信我很爱他，但自从上次跟您交流之后，这段时间我一直在思考，也许我并没有想象中那么爱他。可能更多的是需要他吧，因为他可以给我安全感。

◆ 五行呈现

案主找出丈夫代表，个案代表。丈夫代表站在火位。个案代表刚出来站在水位，然后开始往后退，退到场外。丈夫代表往右侧金位方向跨出两步。

肖然老师:"这和你说的不一样。你用什么样的方式向你丈夫表达需求?"

案主:"我要干什么就干什么,他一般都不会反对。"

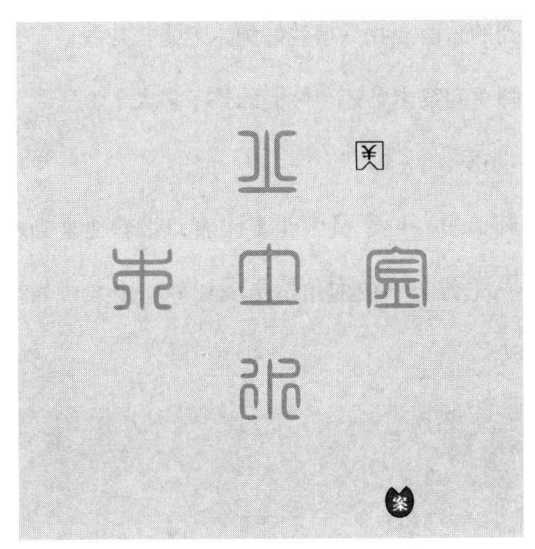

图 4-17

文字说明:案,个案代表;夫,丈夫代表。

"你想干什么就干什么,他也不反对你。"肖然老师重复后,转过头问个案代表:"在外边什么感觉?"

个案代表:"我想离他远一点。我走到哪里他就走到哪里,觉得他挡住我了。有时候不太想看他,又想知道他的动向,看他在干什么。"

个案代表在场外左右两边来回移动。丈夫代表在火位左右两边来回移动。

肖然老师（问个案代表）："你想看后边的什么？"

个案代表："我觉得后面有东西更吸引我。有一些我想看到但现在还看不到的东西。我觉得他好烦，老是挡住我。"

肖然老师（问案主）："你们的孩子多大了？"

案主："6岁，男孩。"

肖然老师请出一位学员做儿子代表，带着他来到木位。儿子代表倒退着从木位与水位的角落走到场外。个案代表把儿子代表拉到自己身边。

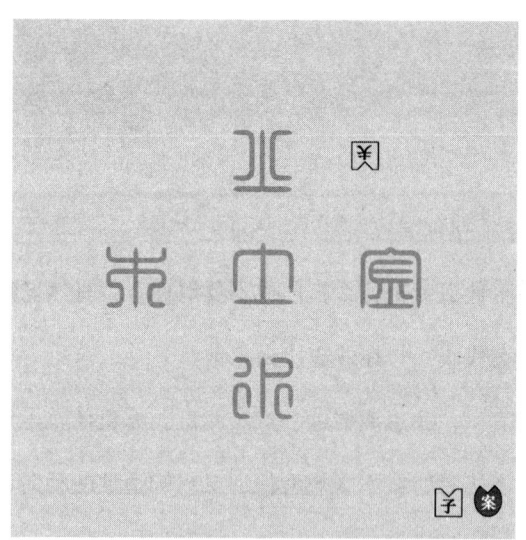

图 4-18

文字说明：子，儿子代表。

肖然老师（问案主）："你向你丈夫提过离婚吗？"

案主："我没有跟他提过，他向我提过。"

肖然老师："你对丈夫说一句：'我们俩离婚吧。'"

案主："我们俩离婚吧。我有过这种念头。"

肖然老师："继续对他说：'咱俩离婚吧。'"

案主："咱俩离婚吧。"

丈夫代表："感觉有点冷。孩子一上来身上就冷。"

肖然老师（问案主）："丈夫是想离婚吗？"

案主："不知道，但他提过。"

肖然老师："你们俩之间发生过什么？"

案主："孩子小的时候，他很少带孩子，都是我和公婆带，公婆对我带孩子又管得很严，我既要上班又要带孩子很累，心里很不平衡，经常和他吵架。那时，孩子身体不太好。在上班的时候，公公经常打电话给我，让我做这做那，我就很生气。先生不带孩子，偶尔带孩子出去就生病，又被家里人骂。"

肖然老师："你希望丈夫怎么做？"

案主："我希望我们周末能一起带孩子出去走一走。"

肖然老师询问个案代表和儿子代表的感觉。

个案代表:"有点委屈。当本人对丈夫代表说要离婚,他说不愿意时,我的腿都要软了。"

肖然老师又请出一位代表(代表A)站在丈夫代表的右后方。

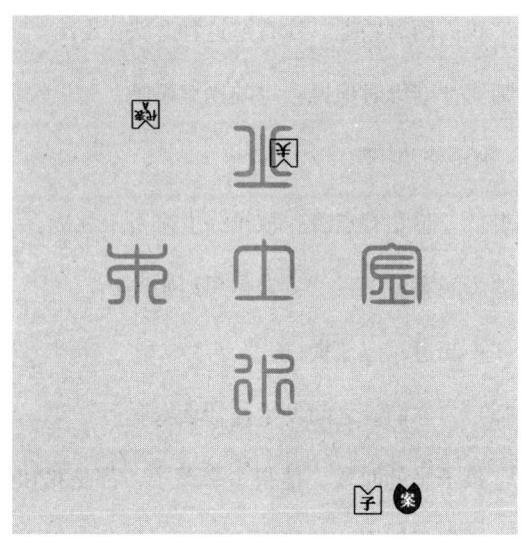

图 4-19

儿子代表:"我喜欢看他(指代表A)。"

个案代表:"我也喜欢看他。"

个案代表和儿子代表一起走过去,来到代表A身边,代表A将他俩搂住。

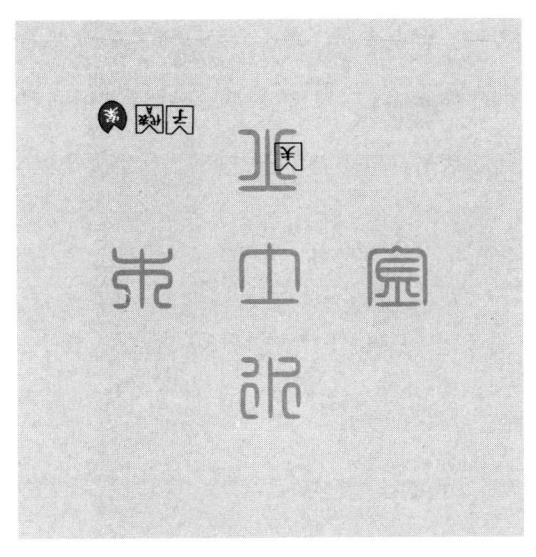

图 4-20

丈夫代表（回头望着相拥在一起的三人）："我怎么那么多汗！"

肖然老师（问个案代表和儿子代表）："你们俩什么感觉？"

个案代表："安心踏实了。"

丈夫代表："我觉得我可以走了。"然后慢慢走到金位。

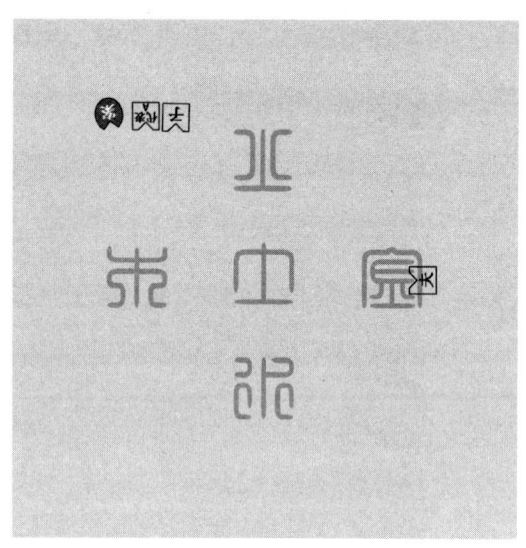

图 4-21

案主:"(代表A)应该是他奶奶吧,我经常是这样,和他奶奶三个人。"

个案代表:"不像,那感觉不像。"

代表A(对案主):"我是不是你丈夫的哥们?我有一种对不住哥们的感觉,实在不好意思。"

丈夫代表:"我有点愤怒。"

肖然老师(对丈夫代表):"想揍他吗?"

代表A:"他要是揍我,我就坦然了,就觉得腰杆直起来了。"

肖然老师(问案主):"委屈吗?"

案主:"真不是这样的。"

肖然老师（问个案代表和儿子代表）："说说你们俩的感觉？"

儿子代表："在这就挺舒服的。刚才他（丈夫代表）表达对他（代表A）的愤怒，我就想保护他（代表A）。"

个案代表："我和他（儿子代表）感觉一样，他（丈夫代表）表达愤怒，我觉得和我没什么关系，不要影响我就行。"

肖然老师："出了一个让我们想不到的结果。"

肖然老师又请出一位代表（代表B）站到土位，面朝相拥在一起的三人，然后对三人说："看着他。"

代表A似乎站不稳，向后倒去。三人松开了拥抱，个案代表离开代表A。代表A走到木位，然后又走到水位，最后来到代表B身后。儿子代表跟着代表A走，后站在代表A左后方，然后与代表A背靠背站立。个案代表退到场外，在场外绕行，注视着场内。丈夫代表回到火位。

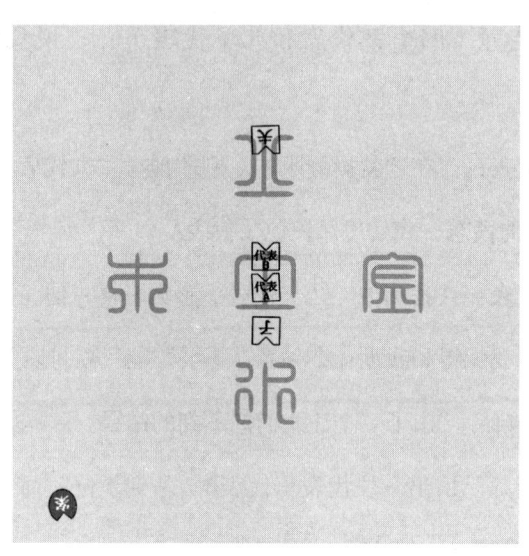

图 4-22

肖然老师（问个案代表）："现在是不是想看他（丈夫代表）了？"

个案代表："不，只是想看儿子，他要看我，我就躲起来。"

代表A将双手放在代表B肩上。

肖然老师（问代表A）："你现在站在这儿什么感觉了？"

代表A："比较踏实了。"

肖然老师（把案主拉到中间三人面前）："来，我带你对他说几句话：'我是你的后代。'"

"你早已去世了。"

"我认同了你。"

"你想带走的都带走了。"

案主重复。

个案代表来到场中,拉住代表B的左手,然后依靠在代表B肩上。

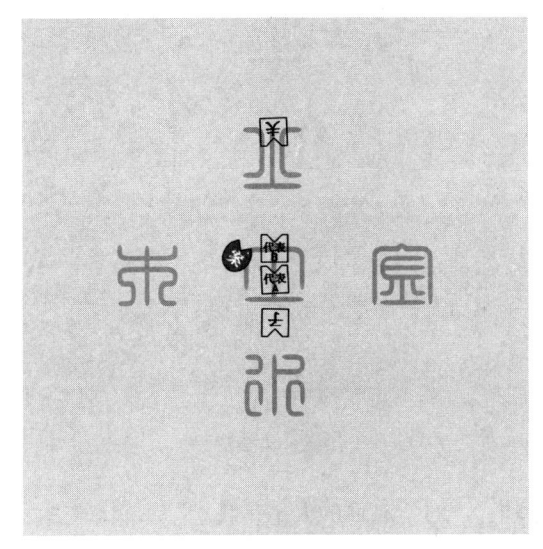

图 4-23

"该停下了。"

"家族欠你的,你都带走了。"

案主重复。

代表A与儿子代表背靠背、手拉手,慢慢走到金位,然后来到火位丈夫代表旁。先前站在火位的丈夫代表往左跨出两步,看着这两个人。

图 4-24

肖然老师:"对不起你的人不是我。"

"他去了和你相同的地方。"

案主重复。

代表A坐到地上,然后躺下。丈夫代表过来牵住儿子代表的手,似乎想把孩子带走。儿子代表回头看着躺着地上的代表A,然后蹲在这个代表身旁。

肖然老师:"我代表我的孩子,代表你的后代,把你的身份还给你。"

"你安息吧。"

案主重复。

儿子代表站起来。

肖然老师（问个案代表）："你现在什么感觉？"

个案代表："比较平静。"

肖然老师（问丈夫代表）："你很想看着他（代表A）是吗？"

丈夫代表："嗯。"

肖然老师（问代表B）："你现在有感觉吗？"

代表B摇摇头。

肖然老师（问案主）："这是你的孩子，是吗？"

案主点点头。

肖然老师（问个案代表）："你还想看你的孩子吗？"

个案代表点头。

肖然老师（问案主）："你觉得那是谁？你的家庭发生过什么？"

案主沉默。

肖然老师："你的父亲怎么了？"

案主依旧沉默。

丈夫代表拉着儿子代表的手，一起来到金位。

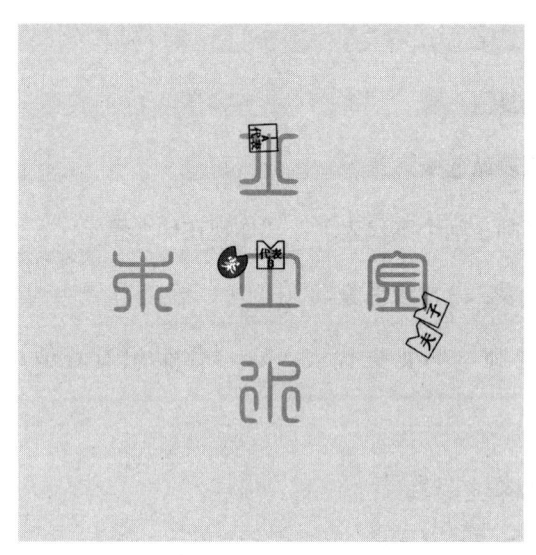

图 4-25

肖然老师（对案主）："给他（代表A）磕个头。"

案主磕头。

肖然老师："告诉他：'我还爱着你，爸爸。'"

"我用我的人生来证明我有多爱你。"

案主重复。

肖然老师："你想跟你爸爸说什么就说出来吧。"

案主："其实小时候我很恨他，在我十几岁以前……"

肖然老师："说出来：'我是你女儿。我一直很想你，我想要有个爸爸。'"

案主重复。

个案代表向前走出一步,跪下,给躺在地上的代表A磕头,然后跪着趴在地上。

肖然老师:"我还没有长大,你却走了。"

案主重复。

丈夫代表与儿子代表拥抱在一起。个案代表头抬起来,依然跪着。

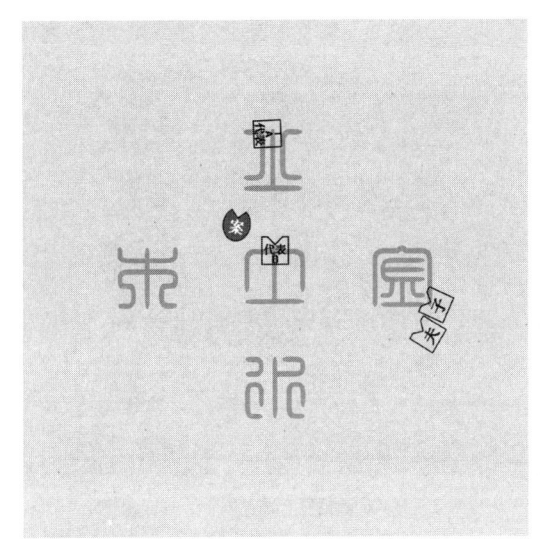

图 4-26

肖然老师:"我今天看到了你,向你道别。"

案主重复。

个案代表慢慢退回到水位。

肖然老师:"我长大了,有了丈夫,也有了孩子。"

"爸爸,请你祝福我。"

"爸爸,无论你走到哪里我都陪你,给你祝福。"

案主重复。

肖然老师:"回过头去看看你的丈夫。"

案主回头看着丈夫代表。

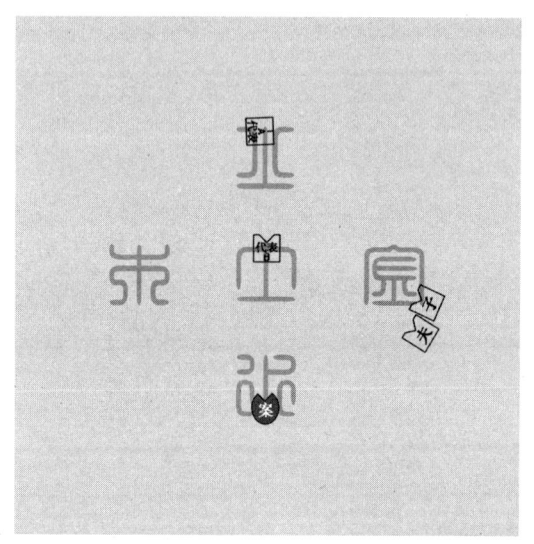

图 4-27

案主走近丈夫代表,丈夫代表伸出双手抱着案主,与儿子代表三人拥抱在一起。

肖然老师:"想哭就哭一会儿。"

个案代表走到拥抱在一起的三个人身边,与他们拥抱在一起。

肖然老师:"一个寻找父亲的孩子,她永远长不大。她渴望父亲的支持、允许，允许自己可以长大，成为女人。但父亲走了。她从小就恨她父亲，因为她没有见过他。"

肖然老师："大家交还角色。"

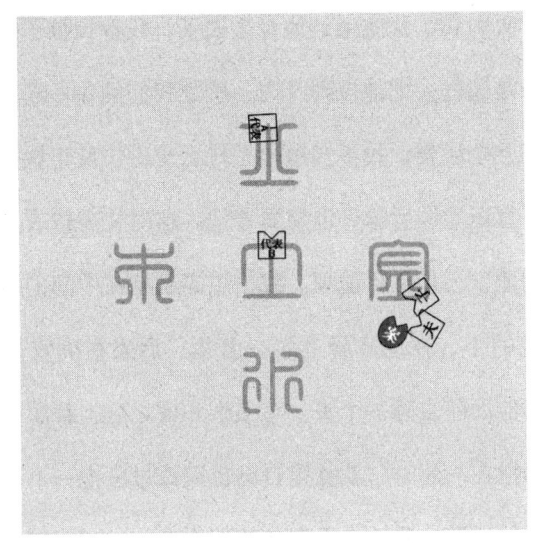

图 4-28

◆ 分享总结

肖然老师："父亲虽然走了，他对女儿的爱还在吸引着她。其实她确实想过死，想过离开这个世界，去寻找父亲。我们用头脑永远无法理解真相。"

肖然老师："女儿对父亲的爱，可以让她放弃生命。这就是系统动力。"

个案代表："我上来之后，代表丈夫的那个人站在我对面，看着他就特别烦，我往哪边走他就往哪边走。他很想被我看见，但我非常不愿意看他。我觉得他站在那里都不知道自己要干什么，傻傻的感觉。后来上来一个代表（代表A），我就觉得他的周围忽然间亮了，非常吸引我，我就走到他身边去了。我看到孩子一步一步向我靠近，于是我过去把他拉到身边，感觉我们俩在一起就挺好的。再后来上来一个代表，我不知道他是什么身份，反正他上来后我挺害怕的，下意识地往后躲，但想看着他。这时丈夫代表还在瞅我，我很不想看他，还是觉得他烦。我很想走到站在中间的那个代表面前，握着他的手，在他肩膀上靠一会儿。后来在确定他是父亲之后，想走到他面前去磕一个头。与父亲和解之后，我想回到水位。之后大家都抱在一起时，就觉得自己也应该过去抱一下，于是闻到了丈夫身上的味道。我从来没有离他那么近，近到能感受到他身上的味道，能感受到他这个人。"

丈夫代表："我上去时没有感觉到冷热，也没有想离开我站着的位置。只觉得自己想走来走去，并没有刻意要挡她，心里没什么想法，脑袋是空的。后来孩子上来，突然间就觉得冷。之后又上来一个人时觉得更冷了。之后又上来一个人，感觉他挺凶，一直看着我，我也一直看着他，心想：我才不怕你呢！他们三个人抱在一起时，我觉得当时特别热。当第一个拉上来的人（代表A）倒下，儿子代表想跟着他时，我就想去拽住儿子，但儿子力量很大，我根本拽不动，无奈只好放弃，走向后面看着他（躺在地上的代表A）。当她（案主）说要与我离婚时，我觉得我根本没有这样的想法。当她说到她父亲时，我心里想着要做一个好丈夫，像她父亲那样，我觉得自己能做到。"

肖然老师（问案主）："大家都很奇怪，你爸爸去世时你多大？"

案主："那时候我还没出生。"

肖然老师："在你心里有你的爸爸吗？"

案主："应该有吧。小时候好像觉得他是存在的。"

肖然老师："一个家族当中一个人去世了，如果后代人心里没有这个人的位置，那么就会为此付出代价。我想知道在整个婚姻中你是不是混沌的？"

案主："我一直不知道我们夫妻之间存在问题，以前觉得他很纵容我，后来才明白那是他在忍耐我。"

肖然老师："你现在发现丈夫其实不是想离开你，而是你离开的动力让他无法容忍。"

案主："是的，我一直在挑战他的底线。"

肖然老师："我知道你做了很多不敢讲的事。"

案主："他说我以前做了很多伤他自尊的事，我也在反思。"

肖然老师："我在讲五行图的时候说过，女孩子生下来要受父亲的影响才能成为女人。我第一天对你说的第一句话就是：'你学会做女人了吗？'你今天看到这一幕后心里什么感觉？"

案主："和我想的不一样。我一直以为是我在前面晃啊晃，我丈夫躲在后面，原来是反过来了。"

肖然老师："如果在排列当中呈现出本人看着自己爱人的背后，那么他其实是在寻找他的长辈。"

案主："我也这么想。"

肖然老师："我们预判的东西不一定是真的。我在中间土位摆了一个人，那个人是她的爷爷。只有他才能管自己的儿子。"

案主："可是我爷爷不凶啊。"

肖然老师："他必须那样。我想问你，你们家族中还发生过什么？"

案主："我爷爷的哥哥是党员，在党内斗争中被杀，后来平反了。"

肖然老师："你们家族中有冤死的人，你爸爸追随了这个人。"

各代表继续分享感觉。

代表A："我没觉得孩子是我的，开始对个案代表感觉挺好的，后来她的孩子跟着我，我觉得很温暖。对她的丈夫觉得有点小愧疚。"

肖然老师："父亲带走自己的女儿确实会对女儿的丈夫有些愧疚，如果没有愧疚就没有动力改变，就不会放下。"

代表A："然后她说把孩子还给她，我不明白是把外孙还给她，还是其他什么意思。"

肖然老师："你不用明白，因为你不是你所代表的人。"

代表A："但是你说到孩子的时候，我对孩子也有感觉。而且在躺下之后，就感觉在往上飘，飘得很高很高。"

肖然老师："作为代表，要把头脑放下，和你的身体连接。头脑不重要，重要的是感觉。"

儿子代表："我上场以后，前半段觉得和父亲没有任何连接，于是我就去找妈妈。我和妈妈待在一起的时候，觉得妈妈比较委屈，我心里也有点委屈。前半场真的完全看不到父亲。我只想追随他（代表A）。"

肖然老师："在我们的灵魂当中都有一种情结——英雄情结，有的时候死亡能让我们成为英雄。"

儿子代表："我那种追随感好像真就是一种英雄情结。我感觉我在逐渐长大，那个小孩已经不再是小孩了。而且我觉得自己能够受住来自祖先的力量，成为一个成年人。后来他倒下了，我觉得有一点点愤怒。在代表B出现之后，我才感觉和父亲建立了连接。然后父亲就把我拉走了，刚开始和父亲站在一起时我还是有点执拗的，后来才放下了自己的情绪。最后从场上下来的时候，我感觉自己长了十几岁。"

肖然老师："精神分析中，男人会爱自己的妈妈，恨自己的爸爸；女人会爱自己的爸爸，恨自己的妈妈。但是存在一种偿还，因为仇恨。仇恨是潜意识里的，于是他用偿还的方式来降低自己的仇恨，使自己的仇恨得以满足。然而在系统动力当中，父亲为了偿还系统动力，为了系统平衡，付出了生命的代价，后代的儿子就会追随这种英雄情结，奔向死亡，他会觉得死亡是一种崇高的事情，真正的归属。当我们让后代人看到这个真相后，这个成为英雄的情结就消失了，就能保证后代人的平安。这就是我们的潜意识。今天这个案例很经典，很难碰到这样的案例！"

● **案例二：承担家族系统的人**

◆ 案主陈述

我想解决我的原生家庭问题。我的原生家庭里有很多关于疾病和死亡的事件：先是我父亲这边，我的爷爷、叔爷爷和我爸爸都在同样的年龄得癌症去世，这个信息对我个人的影响很大，总觉得不安全，担心自己的健康；再是我母亲这边，母亲的姐姐在母亲出生前不小心淹死了，后来外公和外婆离婚，外婆曾跳河自杀，被救后有些神志不清。

我很晚才结婚，结婚以后身体一直不太好，但好像并没有什么实质性的疾病。我的系统对我的影响很大，我希望能够通过自己让我的系统动力得以和解，不再影响到我的兄弟姐妹以及后代。

◆ 五行呈现

案主找出母亲家族代表，父亲家族代表，本人代表。

母亲家族代表和父亲家族代表入场后分左右站在土位，个案代表站在火位与金位之间的角落。接着母亲家族代表往木位和水位之间的角落走去，父亲家族代表往水位偏右一点的方向退。个案代表慢慢横向移动到火位，再到土位，又往火位的方向走了两步，再往水位与金位之间走了几步。

肖然老师："呈现出来了是吗？她（母亲家族代表）是被淹死的人。"

个案代表似乎要往父亲家族代表方向倒，父亲家族代表往后避让。父亲家族代表往土位和金位中间走，个案代表在父亲家族代表身前绕了半圈，然后走到父亲家族代表身后。母亲家族代表头往后仰，似乎要倒。

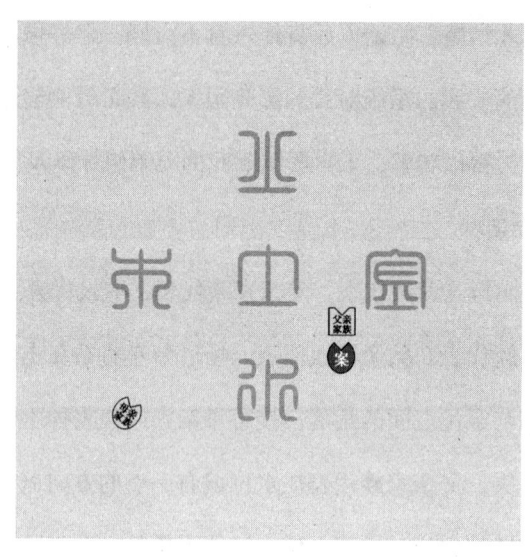

图 4-29

肖然老师（对案主）："你先解决她（指母亲家族代表）。对她说：大姨，我看到你了。"

"全家人都记得你。"

"在我们的家里永远有你的位置。"

"都会记得你。"

"当我们完成了自己的人生，都会去你去的地方。"

"你放心去吧。"

"我知道你很遗憾。"

"我知道你想找妈妈，你一直在寻找妈妈。"

"妈妈也在寻找你。"

"当妈妈走完自己的人生，会去找你，会去你去的地方。你安息吧！"

案主重复。

个案代表转身与父亲家族代表背靠背站立。

肖然老师（问案主）："你想去哪里？"

案主去到母亲系统的位置。

过了一会儿，肖然老师带着案主接着说："家里有你的位置。"

"回来吧！"

案主重复。

个案代表从左边绕到父亲家族代表身前，然后横着走到金位与火位之间。母亲家族代表向中间走出两小步。父亲家族代表在原地踉跄了两下。

肖然老师："对着那个祖先说：我看到了你。"

"你是我的祖先，只是被家族遗忘了。"

"今天看到了你，家族会记得你。"

案主重复。

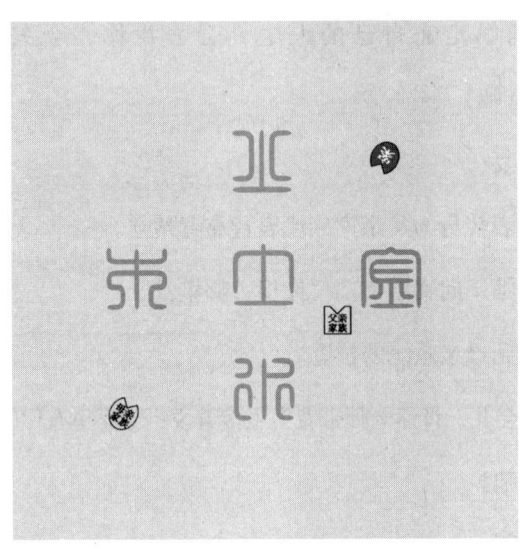

图 4-30

个案代表走到土位与火位之间，朝父亲家族代表跪下，父亲家族代表朝中间慢慢走去。

肖然老师："今天接你回家。"

案主："今天接你回家。"

父亲家族代表走到土位偏金位，个案代表拉住他的手。母亲家族代表慢慢朝中间走去。

母亲家族代表走到离土位还有一两步的位置后向前慢慢倒下。

肖然老师："你安息吧！"

案主："你安息吧！"

个案代表拉着父亲家族代表的手，低下头。案主在父亲家族代表身边拉着另外一只手，也跪下。

图 4-31

肖然老师："你已经回到了系统当中。"

"安息吧！"

"你的后代已经为你付出了生命的代价。"

案主重复。

个案代表松开父亲家族代表的手，完全跪倒在地。

肖然老师："这个死亡该停下了。"

"安息吧！"

"我会为你做一些事情。"

"让你得到安息。让你回归。"

案主重复。

肖然老师（对案主）："给他磕头，直到他躺下。"

个案代表和案主对着父亲家族代表磕头。

肖然老师（对父亲家族代表）："不要硬扛着那股力量，那样会伤害到你。"

过了一会儿，父亲家族代表坐下。

大家交还角色。

◆ 分享总结

肖然老师："这个系统已经和解。代表们讲一下感受。"

父亲家族代表："我站在土位，往后退又再往前走。当有人站在我面前时，突然觉得非常害怕。肖然老师刚才说别扛着，其实那个力量真的不大，坐下后并没有想要倒下的感觉。"

肖然老师："这个死亡动力只传七代，到她这一代，估计快停下了。"

母亲家族代表："我刚站在场上时就有一股力量拉我往后走，走出来之后好像要摔倒。感觉很委屈，很伤心，想流泪。当案主说那些话时，我不能确定是不是对我说的，就想往前走，走到接近土位时腿发软，不自觉地倒下了。"

个案代表："我一到场内就全身发酸，心跳加快。感觉自己一直在寻找什么，不停地移动。看到父亲家族代表时就想和他在一起,想看着他。案主开始说话后,我就不自觉地移向她的位置,我其实不知道案主站在那里(火位与金位之间的角落),但就是身不由己地过去了。后来我发现自己还是想看着父亲家族代表,想对他跪下来,臣服于他。脑子里好像一直在重复'你是我的祖先'这句话。"

肖然老师(对案主):"我们再做件事情,你找一个人代表你未来的孩子。"

案主找出孩子代表。孩子代表走到金位,面朝火位站立。案主站在水位。

肖然老师(对案主):"你就站在那里,看着他。"

过了一会儿,孩子代表慢慢转过身面向案主。

案主:"现在觉得背特别沉。"

肖然老师:"你的腿现在什么感觉?"

案主:"腿还好,就是背有点沉。"

孩子代表慢慢从金位与火位之间的角落向场外退去。

案主:"我感觉我的心还在刚才的系统里。"

肖然老师:"还没回来,还不能关注孩子,是吗?"

案主:"是的。刚才和我的祖先和解,好像没有很深入。手先前有疼痛感,和解以后手不疼了。"

孩子代表在场外坐下。

肖然老师："刚才谁代表她的祖先？站到她的背后。"

父亲家族代表走到案主身后，把左手放在案主后背上。

肖然老师："进入感觉。"

过了一会儿，肖然老师对案主说："还记得我说你腿粗的原因吗？"

案主："嗯，我就是因为这个来做个案的。"

肖然老师请出两位学员站在她后面，把手放她后背上。

肖然老师（对案主）："你在心里做一件事情，想象你的后面站着你的列祖列宗、爷爷奶奶、爸爸妈妈，向他们说：'我可以放下不属于我的承担，我接受你们传递给我的能量，并把这个能量传递下去。'说出来。"

沉默了一会儿，案主轻声说："我觉得没有力气。"

肖然老师再请出两位学员，继续把手放在她后背上。

肖然老师："其实这么多年她一直承担着家族系统的能量，她是无力的，需要传给她一些能量。"

案主坐下。

肖然老师示意站在案主身后的人蹲下，依旧将手放在她背后，传递给她一些能量。

肖然老师（对案主）："对列祖列宗说：'我完成了这个使命。'"

案主轻声说:"我完成了这个使命。"说完立马开始大声哭泣,并趴到地上,身后众人都低下身子,手依旧放在案主背上。

过了一会儿,肖然老师:"我该放下了。"

案主重复。

肖然老师:"所有的祖先都允许你放下,他们现在传递给你的是生命的能量,允许你把生命传递下去。你可以抬起头来,看看你的未来。"

肖然老师:"你是所有人的孩子,你有无限的能量,你可以重新开始。今天是你的新生,虽然你很疲惫。你今天可以鼓起勇气,走出你的第一步。爸爸妈妈在那里,也在你的背后。你可以有新的人生。"

案主坐起。

肖然老师:"你可以放下吗?"

案主慢慢站起。

肖然老师:"看着这个孩子(孩子代表),告诉他,你需要他。"

案主沉默。

肖然老师:"对他(孩子代表)说:'我可以给你轻松的人生,所以你可以来到这个世界。'"

案主重复。

孩子代表走向案主,伸出双手将案主抱住。

二、死亡认同

很多疾病都是对死亡的逃避，自杀则是对死亡的认同。

● **案例一：死亡动力会传递吗？**

◆ 案主陈述

我自己总是想到死，然后总是担心我的儿子，他才两岁多。

◆ 五行呈现

案主找出妻子代表、本人代表、儿子代表。

个案代表站土位。儿子代表站木位。妻子代表在水位站了一会儿感觉心慌，躺下。

个案代表感觉头发热，指了一下火位与金位之间的角落："我想看着那里。"

肖然老师请出代表A站到火位与金位之间的角落。

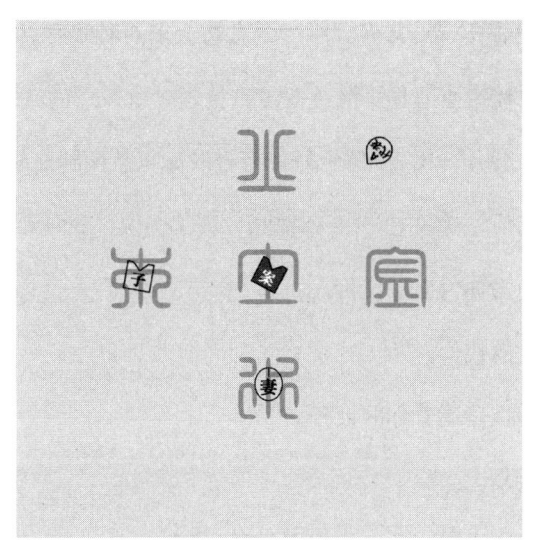

图 4-32

文字说明：案，个案代表；子，儿子代表；妻，妻子代表；公，公公代表。

肖然老师："我讲一个规则，我们的代表要带着尊重和臣服站在那里，放下自己的身份，否则是对系统的不尊重。"

过了一会儿，代表A突然双膝一软，跪倒在地上。

肖然老师再请代表B站在躺着的代表A旁边。代表B后退两步然后倒下，躺在代表A的身后。

肖然老师再请代表C上来站在火位与金位之间的角落。代表C一上来就开始往后退，退了几步之后也倒下了。

肖然老师继续请代表D站到火位与金位之间的角落。

肖然老师（问个案代表）："看着他（代表D）什么感觉？"

个案代表:"后背疼。第一个人站上来的时候有点疼,第二个人上来的时候有点悲伤。"

过了一会儿,代表D感觉好像有一股凉气从两腿之间往上升。

肖然老师(对案主):"对她(代表D)说:我看到了你。"

"我们为你付出了代价。"

"死亡的代价。"

"我们在偿还着你的债务。"

案主重复。

个案代表慢慢躺下,头靠在代表A身上。

肖然老师:"但是害你的人早就走了。"

"去了你在的地方。"

案主重复。

代表D踉跄着往后退。

肖然老师:"你也是我的祖先。"

"我们遗忘了你。"

"今天我把你接回家。"

"让你得到安息,你安息吧。"

"我们会记得你。"

案主重复。

代表D两腿一软跪下,然后慢慢趴下。

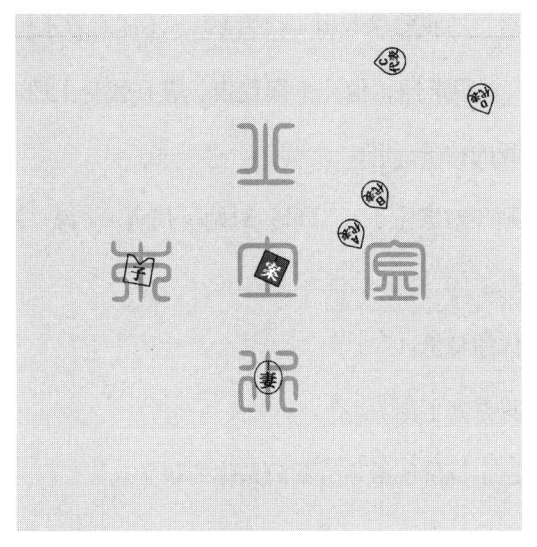

图 4-33

肖然老师请案主向代表D磕头。

案主跪下磕头，哭泣。随后，妻子代表站起。

肖然老师带着案主继续说："所有为我的家族系统而死去的人，你们都是我的祖先。"

"谢谢你们为这个系统作出的牺牲。"

"但死亡该停下了。"

"我是你们的后代。"

"我要把生命传递下去，并把自己的人生走完。"

"谢谢你们！"

案主重复。

个案代表:"我要靠着她(代表A),不能对着水位那边。"

代表A:"很奇怪,他(个案代表)靠在我身上的时候,我感觉他好像是我的孩子。"

肖然老师(对案主):"来,对她(代表A)说'我认同你,认同你的死亡。'"

"认同你的身份。"

"今天我看到了你。"

"我把这个身份还给你,我只是你的孩子。"

"谢谢你!"

"我会记得你。"

"把你放在心里。"

"让你安息。"

案主重复。

妻子代表走到中间想把个案代表拉起,但是拉不动。

肖然老师(对案主):"她(妻子代表)拉不动他(个案代表)。我带你做另外一件事情。"

肖然老师:"来,对妻子代表说:'老婆,原来我恨过你。'"

案主:"老婆,原来我恨过你。"

肖然老师:"想说什么就说出来吧。"

案主:"我确实恨你,以后不要那样对我妈了。"

肖然老师（对案主）："对妻子说：'我需要你向我妈道歉。'"

案主："我需要你向我妈道歉。"

妻子代表跪下，向代表A磕头："对不起，我错了。"

个案代表（左手拍了拍自己的右臂）："我希望她到这儿来和我躺在一起。"

肖然老师（对妻子代表）："来，你代替他妻子在那儿躺一会儿。"

妻子代表走到土位，躺在个案代表身边。

肖然老师（问案主）："你妈妈怎么走的？"

案主："妈妈没走，还在。但是妻子与她水火不容。"

肖然老师："今天对你妈妈可能也有帮助。"

案主："我知道。"

肖然老师（对案主）："告诉他们：'我不会选择死亡，绝不会。'"

"我要带着我的妻子生活下去。"

案主重复。

大家交还角色。

◆ 分享总结

肖然老师："我在这里说一下做代表的规则：如果你不能把自

己完全清空，就不能在这里做代表。不要带着'我试试看'的心态去做代表。这是对自己的尊重，也是对系统的尊重。在一个系统中，代表是没有位置的，需要把自己的身份放下，进入案主的家族系统，去帮助案主。这是一种慈悲。"

案主："我想知道刚才在那里倒下的几位是怎么回事？"

肖然老师："在这个地方倒下的是一代一代为这个死亡付出的偿还。当有一代人被遗忘或是这个系统对他有愧疚，或是他没有得到他应该得到的尊重时，系统就会产生不平衡，他的能量就会一代一代传下来。我刚才在你的信息里看到有一个拿枪的人走火了，其实那是一种无意自杀。在你的家族系统里有不正常死亡，于是能量被一代一代传了下来。当我把你的代表摆上来后，他自动去到土位，其实那还是对系统死亡的认同。我们要解决那个认同，就要找到根本，达成和解。但是这里还有一种动力，就是你对妻子确实是有恨的，恨让妻子很无力，她倒下不是因为死亡，而是因为无力感。"

案主："明白了。"

个案代表（右手按着左臂）："刚才这儿疼，像针扎一样。"

肖然老师："你知道为什么吗？因为你把自己带入了案主的家族系统。"

肖然老师对大家说："一定要记住，当你把自己带入了案主的家族系统时,案主的家族系统就会受到干扰,产生愤怒。刚才你站在那里,这个系统已经有了愤怒,你再不起来,系统就要乱了。你能明白吗?所以以后做代表,要放下你的头脑。你的头脑会影响你,支配你。"

● 案例二:得红斑狼疮的人

◆ 案主陈述

在课堂上,一个很文静清秀、看起来年龄很小的女孩安静地坐着,大家猜测她不超过二十岁。

肖然老师:"我看到你有很多恐惧,我来给你处理一下。"

案主带着哭腔说:"我没有看起来的那么好。我有红斑狼疮,已经吃了8年的激素药物,现在身体很差。我对家庭很内疚,没有体力陪孩子,也无法满足丈夫对夫妻生活的要求,我觉得欠他很多。都说疾病有它存在的意义,经过大半年时间的自我探索,我找到了这个疾病带给我的好处:由于这个病我才能跟我先生结婚。母亲原本是反对我的婚事的,但在我得病之后,她觉得就这样吧,无所谓了。由于疾病我变得十分虚弱,母亲又开始照顾我了,我们的关系缓和了很多。我感觉是我自己在作孽,糟蹋自己。"

肖然老师:"你如何作孽,如何让自己得这样一个病的?"

案主:"在得这个病两年前,我和前男友分手了。当时非常痛苦，非常恐惧。于是就不停地、拼命地工作，我用工作来逃避、麻木自己，过了一年多没有白天、没有黑夜的生活，不吃饭、不睡觉，现在想来就是在糟蹋自己。那时我也觉得工作非常累，特别想放弃，想休息，却不敢说出来，自己内在的声音不允许我放弃。就在那个时候，我被查出得了这个病，于是就名正言顺地可以休息了。这时候也刚好和先生谈论婚嫁，妈妈也不再反对。我看到疾病带给我的好处，但我对现在的家庭有很多愧疚。不是说看到疾病了它就会离开吗？但我的疾病如影随形，在生命中不愿走掉。我也希望多陪伴孩子，他降临到我这样的家庭好可怜，为什么要有我这样一个妈妈！"

肖然老师："好，我帮你做点事情好吗？我觉得你会好，你愿意相信吗？"

案主点点头。

肖然老师："所有的系统性疾病都是由于病邪侵入到身体最深层的部分，造成免疫受损，使全身所有组织受损害。其实类风湿、红斑狼疮、干燥综合征是一类疾病，都是全身肌体组织受损性疾病，也称为免疫性疾病。打一个比方，就相当于一个贼进入了你家卧室，卧室是家庭里最深层的部分。我们身体有反抗能力，于是奋起反抗，与贼搏斗，搏斗过程中产生的动力叫免疫。如果免疫系统亢进，就会形成一种动力，和病邪一起结合起来破坏自己，相当于你与贼搏斗时，一刀砍过去没把贼砍到，反而把自己家损坏了。其实免疫系统是把双刃剑，它在亢进的时候也损害着我们所有的组织和系统。这个过程中的动力其实源于系统。"

"刚才你陈述你的病是自己作孽导致的。我在16岁那年见过一个女孩子，几乎和你长得一样，也是得的红斑狼疮。那年我刚跟着父亲学医，经历了她的整个治疗过程，看到她的时候心里非常难过。我在从医生涯中经历的死亡太多。所以我对生命的感悟是细微的，是非常深刻的。三十年里，我经历了数十万病人，每每看到弥留之迹的病人，我都希望他们能留在这个世界上，不要离开。我也希望通过我的努力让你留下来，留在这个世界上，不是去作孽，而是用你的生命去创造出你的一片世界，也为这个世界留下一片美好。人在这个世界上会留下一个划痕，这个划痕就是我们的经历。它会闪出异彩，就像流星划过天空。"

肖然老师："你找人代表你的爸爸、你的妈妈以及你自己。"

案主："是要找像的吗？"

肖然老师："跟着你的感觉就行。"

◆ 五行呈现

案主找出母亲代表，把她带到火位。

案主找出个案代表。个案代表走到金位。

案主找出父亲代表。父亲代表到水位徘徊了两下，然后从水位和金位之间的角落走到场外。

个案代表慢慢走到火位与金位之间的角落。

在场外站了一会儿,父亲代表从场外经过金位走到金位与火位之间的角落。

母亲代表慢慢经过土位,走向水位。

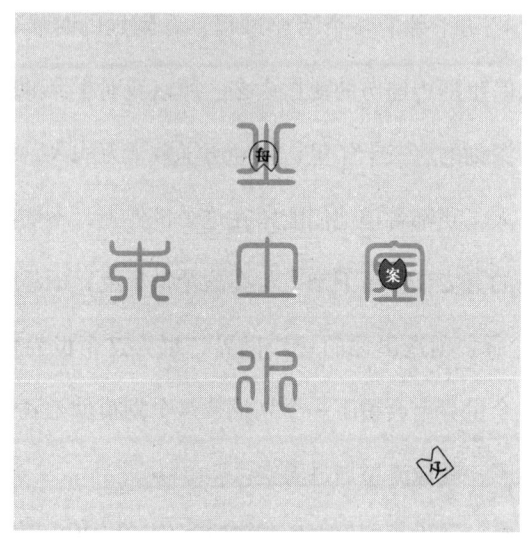

图 4-34

文字说明:案,个案代表;母,母亲代表;父,父亲代表。

肖然老师(问案主):"你最恨谁?"

案主:"谁都不恨。"

肖然老师:"原来你跟谁对抗?"

案主:"跟我妈妈,但我不恨她。"

在角落站了一会儿之后，父亲代表慢慢走到火位、火位与木位之间的角落，在火位偏右的角落站立。个案代表慢慢退回金位、金位和水位之间的角落后又退到场外。母亲代表慢慢移动到水位，在水位与木位之间的角落站立。父亲代表又往金位移动两步，站到靠近金位的位置。

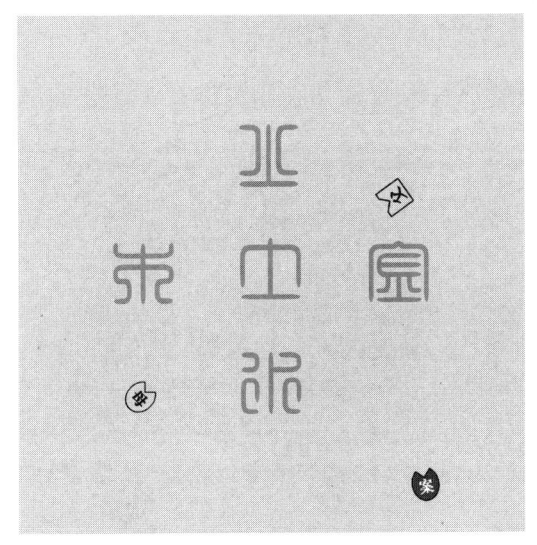

图 4-35

个案代表："手指有点麻，身体不想动。"

父亲代表："手是麻的，"晃了晃左手，"这边要暖和些，想往这边走，其他地方觉得有点慌。"

母亲代表："我站在这里很舒服。"

肖然老师请代表A站到木位与水位之间的角落。

代表A站了一会，往右踉跄两步，倒在地上。

个案代表："手不麻了。"

父亲代表横移两步，走到金位。

肖然老师（对案主）："过去，告诉她（代表A）：'我想替你去死。'"

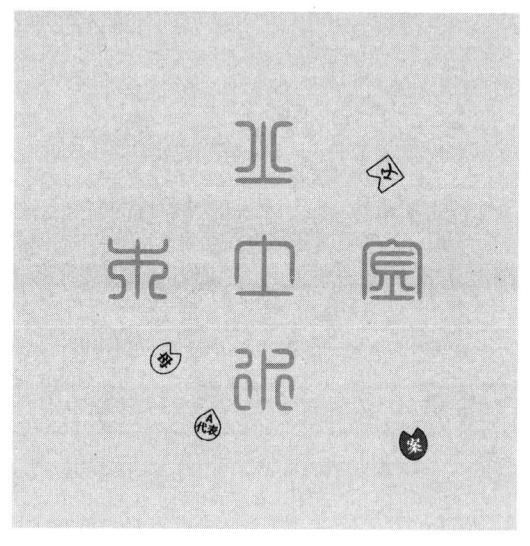

图 4-36

"我认同着你。"

"认同着你的死亡。"

"我看到了你。"

"我把这个死亡还给你。"

"但我会记得你。"

"代表这个家族记得你。"

"我会把你当成祖先。"

"放在系统里。"

"记得你。"

案主重复。

肖然老师（对案主）："看到她（代表A）的样子了吗？那是仇恨。"

代表A躺在地上双手紧握，头左右摇摆。

肖然老师："告诉她：'我知道你带着仇恨。'"

"但我是你的后代。我无法替你报仇，也不会替你报仇。"

"那个仇恨与我无关。"

"但我会为你做一些事情，让你安息。"

案主重复。

在肖然老师带着案主说话的时候，个案代表慢慢经金位走到土位站立，父亲代表走到火位外侧偏金位方向站立。

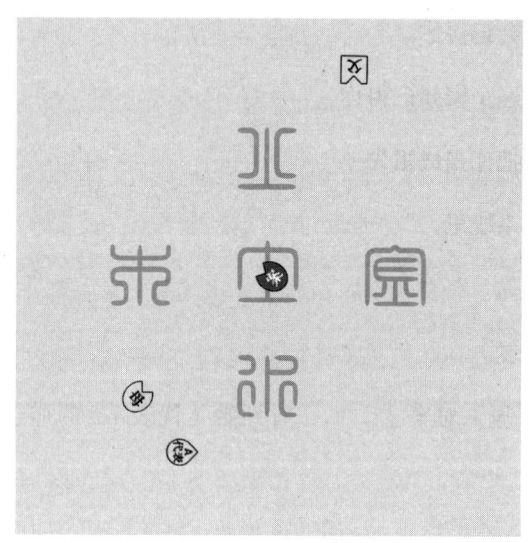

图 4-37

肖然老师:"看到了吗,当她认同死亡的时候,她就会到土位。"

个案代表表示头痛。

肖然老师请案主给代表A磕头。

肖然老师:"对她(代表A)说:'我会用我留下来的生命做一些善事,来祭奠你。'"

"你安息吧!"

案主重复。

肖然老师(问代表A):"你现在什么感觉?想看着她(案主)吗?"

代表A点点头,然后伸出右手向案主示意,案主低下头,代表A用右手抚摸案主的脸。

大家交还角色。

◆ 分享总结

父亲代表:"我进入场内觉得在哪儿都不舒服,发寒,走到那个位置(金位与火位之间,靠近金位)的时候感觉很暖和,于是就停在那里了。后来代表A躺下来的时候,我感觉胸非常闷,头皮发胀。在案主说话的时候就想往后边退,觉得外边好像舒服一点,不是那么冷。"

代表A:"场内有很强的动力,我一下就倒下了,心跳特别快,很难过,有委屈,有愤怒,可能还有些恨。当案主与我说话时,我觉得:'不行,不能就这样结束了'。后来她向我磕头,我就非常想去摸摸她,感到非常伤心。"

母亲代表:"我站在火位的时候就很想走,走到这个地方(水位与木位之间的角落)的时候,感觉舒服了,站在这里挺好。"

个案代表:"我闭着眼睛进入场内,跟着感觉走。当睁开眼睛的时候发现自己到了水位,然后就往后退,好像'这个场与我无关,我不属于这里'的感觉。"

肖然老师:"你不属于这个世界,不属于这个家。"

个案代表:"对对对,就是这种感觉。我到了场外后,手指有点麻，头微微疼，不是很强烈。后来你带着案主说话时，我就想进来了。当代表A倒下时，我的手指不太麻了，头还是有点疼。当案主说话的时候我走到土位，头疼越发明显。"

肖然老师："这里面所有的能量都不是静止的，它一直在流动，它有一个动力，就是去向和解。比如说妈妈原来在火位，摆上家庭图之后，她就会带着一种意愿去和解一些力量。当系统不平衡时，家里就会出现一个勇士，用自己的生命来平衡这个系统，认同死亡。他觉得他牺牲自己会给家庭带来安全。在刚才的这个案例中，案主走到场外，和家庭断离关系去偿还罪恶或债务，她认为这样做会给家里带来安全。"

三、情绪认同

家族系统在传递能量时，也会传递系统的情绪，比如系统的愤怒、系统的仇恨，或者系统的委屈。

● **案例一：我想找到归属感**

◆ 案主陈述

我一直没有归属感，总是有一种无力感。我想靠近父母，但又很难走近他们。我爸爸是被过继到奶奶家的，奶奶后来自杀了。我亲爷爷那边也有一些非正常死亡，父亲的兄弟姐妹脾气都很暴躁。

我想排列一下我的原生家庭,找到归属感。

◆ 五行呈现

案主选出父亲代表,母亲代表,哥哥代表,本人代表。

父亲代表站到火位。哥哥代表入场后退到火位与金位之间,再退到场外。母亲代表从木位与水位之间的角落退到场外。个案代表从木位退着走到水位,然后走到金位。

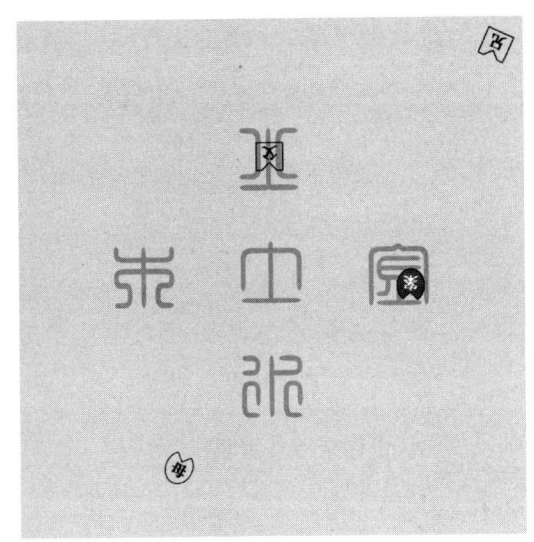

图 4-38

文字说明:案,个案代表;母,母亲代表;父,父亲代表;兄,哥哥代表。

案主:"我爸爸妈妈关系不好。"

个案代表坐到地上。

肖然老师请案主再找出一位代表(代表A)。代表A来到中间土位，站了一下，从火位倒退到场外，随后躺下。哥哥代表见到代表A过来，向前两步，从背后支撑着代表A。代表A躺下后，哥哥代表坐在代表A身边。

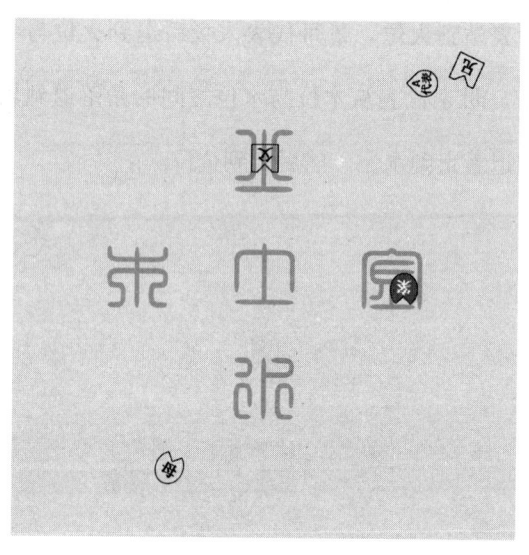

图 4-39

肖然老师："你认识你亲爷爷家吗？"

案主："不认识。"

肖然老师再请案主从场下找出一位代表（代表B）。代表B来到中间土位，绕着土位踉跄着走了几步，坐了下来，头埋在两膝之间，过了一会儿，往木位方向翻滚了一圈，继续将头埋在两膝之间坐着，又过了一会儿，往中间翻滚一圈，跪坐在地上。代表A在代表B翻滚的时候坐起，从后面抱住哥哥代表。个案代表坐在金位打滚。

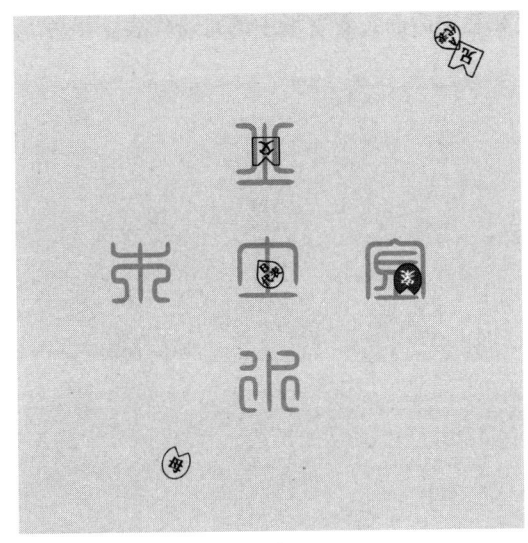

图 4-40

父亲代表没动，表示没有明显感觉。

肖然老师（问案主）："你们家有几个得癌症的？"

案主："我不知道，我问了他们，他们都不告诉我。知道是非正常死亡，并不知道死亡真相。只知道奶奶是自杀的。"

肖然老师（问代表A）："你什么感觉？"

代表A（指了一下中间那些人）："对他们有点恨。"

肖然老师："进入你的感觉，看看想干什么。"

个案代表在金位一直不停地躺下又起来，慢慢翻滚。代表B用左手撑地坐起，在土位打坐。哥哥代表站起来走到代表B身后，双手抬起做了一个"掐"的动作。代表B立即起身跑到场外，站在金位个案代表和案主后面，看着场中的哥哥代表。

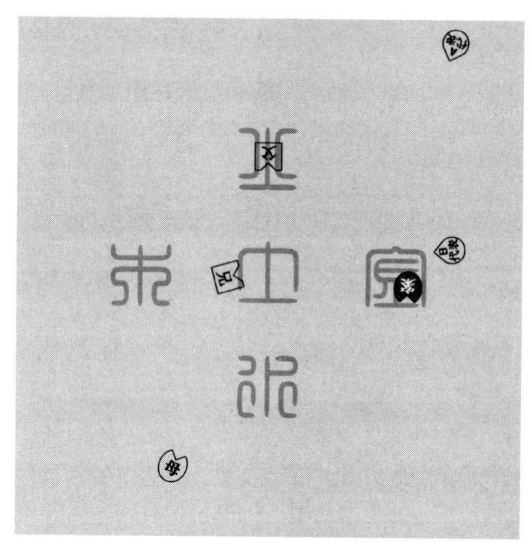

图 4-41

代表A（指了一下场中的哥哥代表）："他好像在帮我报复代表B，很高兴。"

哥哥代表（指了一下代表B）："掐死他，打死他都行，活该。"

代表B将站在自己身前的案主往场中一推，哥哥代表向代表B走过去，代表B在场外绕着走。哥哥代表一直看着代表B，并从土位走到火位与金位之间。代表B又一次将案主推回给场中的哥哥代表。

肖然老师（指了一下代表B，问案主）："你觉得这是谁？"

案主沉默。

肖然老师（又指了一下哥哥代表，问案主）："这是哥哥吗？"

哥哥代表："我感觉我不是哥哥，"并用手指了一下代表A，"感觉我与他有关系。"

代表A："他（哥哥）是我复仇的一个工具。刚才想'哇——'的一声大喊出来。喊了以后，看到他（哥哥）去为我报复，特别开心。"

肖然老师（对案主）："对代表A说：'我们家族欠你的。'"

"我们用生命替你做出了偿还。"

案主重复。

母亲代表从场外走到场上水位。停顿一下后，继续往右边慢慢走。

肖然老师："害你的人已经走了。去了你去的地方。"

"因为你的死，我们会把你当成祖先。"

案主重复。

哥哥代表倒退着经土位快步走到木位。

肖然老师："我们都是你的后代。"

"这个仇恨应该放下了。"

案主重复。

母亲代表向中间走，走到水位与土位之间。

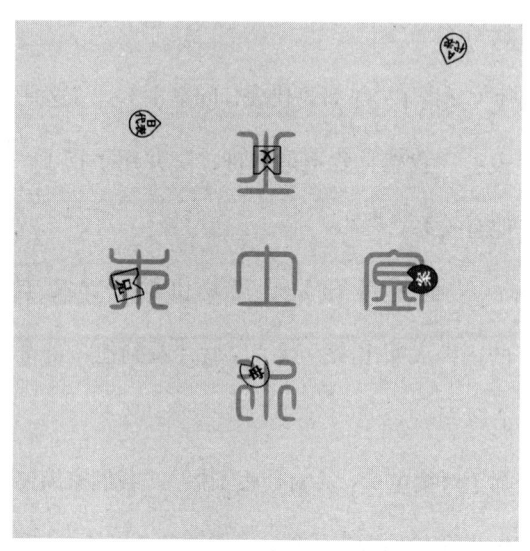

图 4-42

肖然老师："你的仇恨我们都看到了。"

"该停下了。"

案主重复。

此时母亲代表从水位退到场外。

哥哥代表又向站在木位与火位之间的代表B走去，代表B回头看了一眼哥哥代表，然后快步离开，走到火位与金位之间的角落，哥哥代表走到木位、火位、土位之间的三角地带。

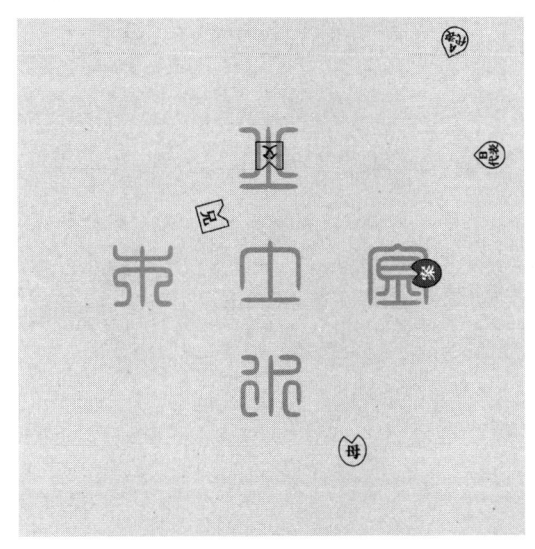

图 4-43

肖然老师:"该走的都走了。"

"我们都是你的后代。"

案主重复。

肖然老师:"过去给他磕个头。"

案主走到代表A面前,跪下,磕头。

案主跪下的时候,哥哥代表先是往右走两步,接着倒退着走过土位、木位,然后从父亲代表身后退到代表A身边,并绕代表A转圈。

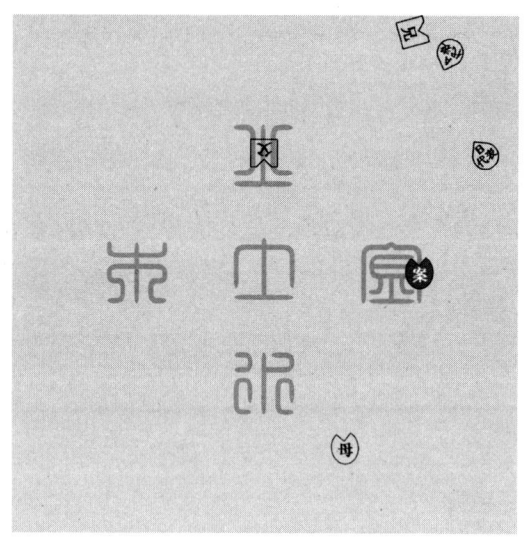

图 4-44

转了几圈之后,哥哥代表在代表A身后躺下。代表B往后退了两步。

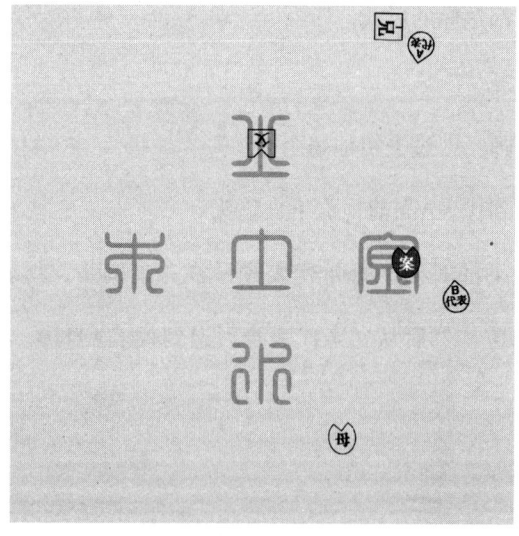

图 4-45

肖然老师:"我不会再为你去做些什么。"

"我们把这个愤怒和死亡都还给你。"

"这些仇恨不再属于我。"

案主重复。

代表A向后躺下。哥哥代表坐起,慢慢跪行到父亲代表身后,用双手从背后抓住父亲代表的腰。母亲代表到金位坐下,把个案代表抱住。

图 4-46

肖然老师(对父亲代表):"你没有感觉,你的能量就没有疗愈,放下自己,进入你的感觉。"

肖然老师:"交还角色。"

◆ 分享总结

肖然老师："海灵格说过一句话：领养是一种罪恶。领养是谁对谁犯的罪恶？领养的那家对被领养的人家犯的罪恶，是一种系统罪恶。被领养的那个孩子的认同感、归属感还受原来系统的牵引，她归属在原来的系统中。刚才我们给案主和解的是原来的系统，在她的系统当中有自杀，还有他杀，杀害是一种信息的轮回。我们家的人杀害了别人家的人，我们家的人就会用生命去偿还。如果别人家的人杀害了我们家的人，我们家的人就会用愤怒去偿还，用愤怒去表达。"

肖然老师："刚才的代表讲一下感觉。"

代表A："场内有一种强烈的光让我盯着上面，然后退到那边，倒下，倒下以后睁开眼睛看看场里面是什么，看着看着愤怒就往上冲，那时候想撕心裂肺地叫喊，看到有人为我复仇了，非常高兴。但我还觉得不够，还要继续下去。最后有一股力量'哗'地冲过来，感觉要把我冲倒。"

肖然老师："在她倒下的过程中，我带着案主说了一句很有动力的话：除了把你放在祖先的位置之外，我不会再为你做任何事情。"

代表B："人到场内感觉到晕眩无力，想撑起不坐下，但撑不住，坐下来后感觉哪个位置都不舒服。感觉到有一点点想下跪，可我憋住换了几次姿势,就是不愿意跪下,最后没办法还是跟随动力跪下了。跪下后,我头有点晕,低垂着,不知道他们在说什么。后来有股力量让我站起来,我感到恐惧就想跑。哥哥代表追上来,我当时走到金位,看到案主本人站在我身边,就想把她推出去。后来发现她也撑不住了。其实我想推开父亲代表,如果当时哥哥代表再过来,我就要推父亲代表了,但后来哥哥代表没有再过来。之后,当哥哥代表走到边上躺下,其实我是想过来拉他(代表A)一起走到中间去,但我看到他还是有一种说不出来的感觉,那时候已经不恐惧了。后来肖然老师带着案主说那些话,说把代表A当祖先的时候我很想回去,却又回不去,就定在那里。"

个案代表:"我在那个位置非常无力,但是不想倒下,一直在挣扎。后来我发现场开始动了,我开始有关注点了,关注的是他(代表B),当他跑的时候,很想保护他。第一次好像获得了一点点力量,之前完全没有任何力量,我想保护他,但是连站起来的力量都没有。后来整个场开始动,我觉得想磕头,很委屈,到最后三个人依偎在一起的时候,好像有了一定的、淡淡的归属感。"

哥哥代表:"我有合为一体的感觉,完全在为代表A做事,后来终于慢慢分开了。最后拉着爸爸代表,希望他也能软下来。"

肖然老师:"认同分为身份认同和情绪认同。"

父亲代表:"当时上场闭上眼睛,走到那个位置在那儿停下来，再往前就走不动。能看到一些人陆陆续续上来，但不明白他们都是谁。当我感觉身后有些动静时，左腿开始沉重，好像被钉住了一样，右腿想迈也迈不动。到最后，头是重的，身体有些部分很疼。"

母亲代表："一直有力量把我往外拉，到那个地方刚开始还能坐，后来没有力气了，只能躺下。躺下后眼睛一直是闭着的，场上发生了什么事，我好像一直不关心。直到案主开始讲话，我才想睁开眼睛看看。后来发生了什么我就不知道了。过后不由自主地想到水位，但是感觉很凉，凉气把我往外面推，之后慢慢靠近这里，感觉才好一点。"

案主："我感觉轻松多了，眼睛也能看得清楚些了，其实之前一直是处于糊涂的状态，现在感觉整个后背都有暖意了。"

● **案例二：长痘痘的女孩**

◆ 案主陈述

案主："我觉得脸上的痘痘和家族有关，从结婚后半年左右开始长出来，然后反反复复消失了又长出来，这几天又起来了，特别痒。"

肖然老师："这几天在往外排毒，排几天疙瘩就没了，但这只是治疗层面。"

案主:"这已经是第四次发作了,所以我想看一下是什么原因,还会不会好?"

肖然老师:"会好的。"

案主:"也想看一看我的原生家庭是什么情况。"

肖然老师:"好的,请摆出五行图。"

◆ 五行呈现

案主找出哥哥代表、父亲代表、母亲代表、本人代表和弟弟代表。

哥哥代表在木位与火位之间的角落徘徊。父亲代表站在金位,母亲代表站在金位偏上的位置。弟弟代表站在水位外侧。个案代表慢慢经过土位,来到火位与木位之间。

当个案代表快走到火位的时候,哥哥代表大步走到木位与水位之间的角落。过了片刻,父亲代表慢慢走到土位。

哥哥代表慢慢后退到木位与火位之间的角落,个案代表往后退两步。父亲代表在土位坐下。

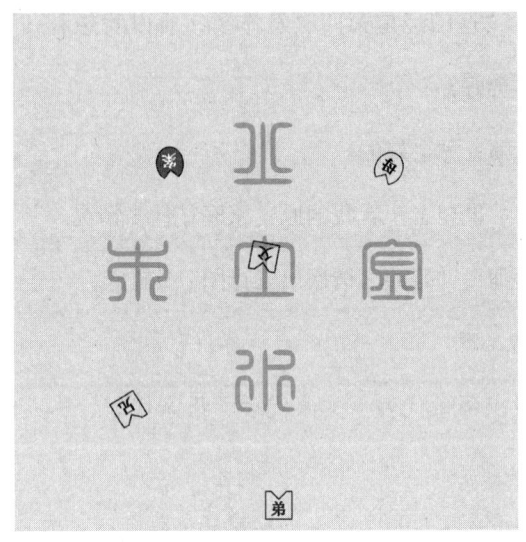

图 4-47

文字说明：案，个案代表；母，母亲代表；父，父亲代表；兄，哥哥代表；弟，弟弟代表。

图形说明：方形代表男性；圆形代表女性；缺口方向为脸的朝向。

个案代表慢慢走到火位与金位之间的角落，与母亲代表站在一起，面朝哥哥方向。哥哥代表移动到木位与火位之间的角落。

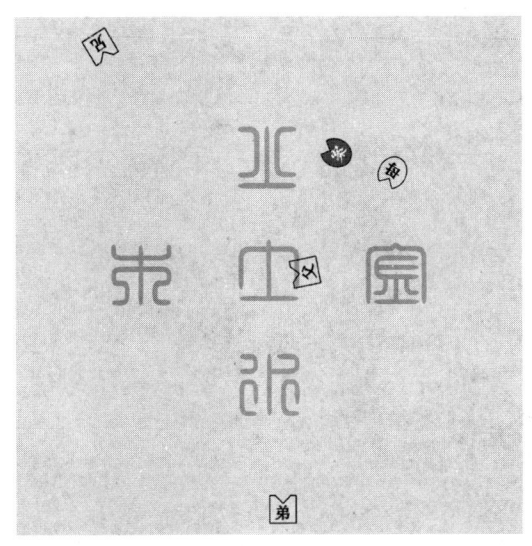

图 4-48

案主："家庭情况差不多是这样。"

哥哥代表："还想往外走。"

父亲代表："脖子很僵硬。"

肖然老师（对案主）："你们家六亲不和。"

案主："我与妈妈非常和睦，但与爸爸确实不和。我们挺尊重他的，但他对我们不尊重。"

肖然老师："对家族的人不尊重？"

肖然老师让案主再请一位代表（代表A）代表爸爸的家族系统。代表A慢慢经火位走到火位与木位之间的角落。个案代表慢慢从金位退到水位后坐下。弟弟的代表走到水位左侧。

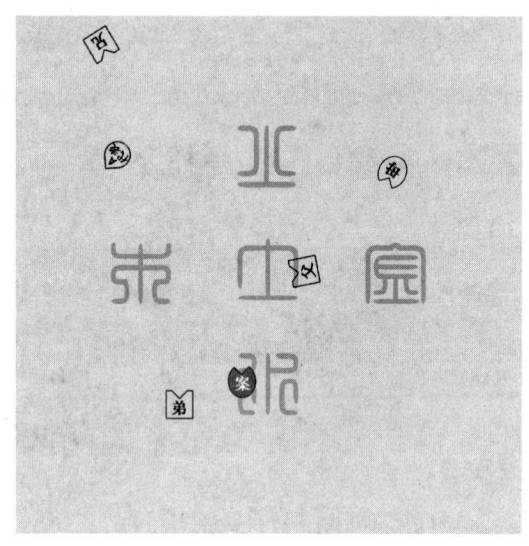

图 4-49

片刻后，肖然老师请案主对代表A跪下。

肖然老师（对案主）："来，对代表A说：'我看到了你。'"

"你带着愤怒离开了这个世界。"

"你带着仇恨离开了这个世界。"

案主重复。

弟弟代表走到木位与水位之间。

肖然老师："我们认同着你的愤怒，也认同着你的仇恨。"

"但我们不会替你报仇。"

"我们只是你的后代。"

"害你的人和你去了同样的地方。"

"这个仇恨该停下了。"

"它与我们无关。但我们会记得你。"

"你是我们的祖宗。"

案主重复。

肖然老师再请案主向代表A磕头。

肖然老师:"你可以安息了。"

"你的后代都记得你。"

案主重复。

肖然老师（问代表A）:"还站得住吗？"

代表A摸着脖子，点点头。

肖然老师:"难受吗？"

代表A摇摇头。

肖然老师:"脖子难受吗？"

代表A点点头。

肖然老师（对大家）:"她（代表A）是被杀死的。"

肖然老师（对案主）:"对代表A说：'你是被杀死的。'"

"杀你的人早走了。"

"你安息吧。"

"我只是你的后代。"

"我把仇恨还给你。你安息吧。"

案主重复。

弟弟代表走到木位、火位、土位之间的三角地带。

案主继续给代表A磕头。

肖然老师（问代表A）:"你难受吗？"

代表A沉默。

肖然老师（对代表A）:"你在做代表时没有放下自己的身份。"

为了尊重系统并如实还原，肖然老师换另外一位学员站到刚才代表A的位置，代替代表A。这个代表A刚站到刚才的位置就直直向后倒下。

肖然老师请案主对着代表A磕头。

哥哥代表双手抱头跪倒在地。

弟弟代表走到木位与火位之间的角落。代表A大声哭泣。

肖然老师（对案主）:"给她（代表A）继续磕头，等她的委屈释放完为止。"

父亲代表坐在地上移动到水位与金位之间。母亲代表走到金位与水位之间的角落。弟弟代表走到木位。

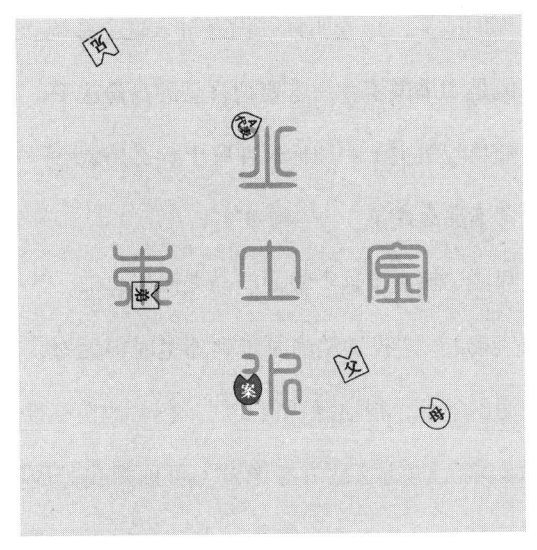

图 4-50

案主一直给代表A磕头。

肖然老师:"安息吧。"

案主:"安息吧。"

过了一会儿,代表A的哭声渐渐小了。

肖然老师:"家族所有人都会记得你。"

案主:"家族所有人都会记得你。"

交还角色。

◆ 分享总结

肖然老师:"在能量场中做代表时,如果不能放下自己,那是对系统极大的不尊重。"肖然老师指了一下先前的代表A,说,

"我看到了你的微笑,这表明你并没有进入这个系统。你可以不做这个代表,但是如果做了,一定要把自己的身份放下。"

肖然老师(问案主):"你现在脸上什么感觉?"

案主:"不那么痒了。"

肖然老师:"解决了这个根源就会慢慢好起来。"

后面的代表A:"我感觉当时走到那里时很无力,想倒下。倒下后情绪就涌出来了,很愤怒、很委屈,莫名地伤心难受,而后是一种很无力、很无助的感觉,好像没人可以帮我。周围很黑、很暗,我能听到旁边两个人的呼吸声,尤其是后面哥哥代表的呼吸声。我感觉内在有一种被关注的需要。"

肖然老师(对案主):"代表A是你父亲家族的人。"

肖然老师(对大家):"排列做完之后,我们不要讨论内容,只讲感觉,讨论内容就扰乱了这个系统。"

哥哥代表:"我只感觉这一切与我无关,我是无辜的,不想停留,只想尽快逃离。但是有一股气往上冲,有愤怒。当代表A站在那里时,我不由自主地想过去磕头。当她倒下,哭得很激烈的时候,我的头仿佛快要炸掉一般,上不来气,感到难过、伤心,心里已经没有了愤怒。"

父亲代表:"我在场内,对母亲没有感觉,有一股说不出来的强大力量吸引我走向中间,肩膀、后背特别沉重,浑身充满很大的压力。自己努力想抗争，但抗争不过那个力量，腿没有力气，就慢慢坐下了。当代表A入场时，我感到颈部非常僵硬，不由自主地转动脖子。她离我越近我就越僵硬。当代表A倒下后，那边出现了各种声音，我内心很疑惑，不知道发生了什么。当案主祭拜她时，有一股力量把我往后推，从土位推到水位旁边，我稍微好了一些，但内心还是充满无力感。"

母亲代表："我刚开始没什么感觉。代表A倒下后，心里觉得很慌。到现在我还觉得心里很堵。"

个案代表："我想走到火位，但感觉像有堵墙，过不去。心里没有任何感觉，身体没有疼痛。后来我走到火位与金位之间的角落，身体碰到了一个人，睁开眼睛发现是妈妈。在那里比较暖，可以停留，但是心里又开始发紧，场上发生了什么事情我一概不知。再后来我慢慢地想往水位走，心越来越疼。到水位感觉要蹲下来。当代表A倒下后，案主开始说话、磕头，我的心慢慢地舒展了一些，没有那么疼了。现在心里还是有点紧，不知道为什么。"

弟弟代表："我起初不想过去，后来当案主开始说话，我就想往那边走，没回音的时候想往回走。就这样，如拉锯一般一直来回走。"

先前的代表A："我觉得脖子有点紧。先走到火位，然后又走到这里（木位与火位之间的角落），到了这里就感觉好像走不过去了。"

　　肖然老师："你回归一下自己的内心。当你去觉察那个部分的时候,你会发现任何疾病都有它的原因,也有它的真相。你的身体出现那么多的问题,去看看那些真相,让身体屏蔽的部分苏醒过来。"

第四节　系统良知

对自己系统文化的认同，会让人产生良知。对系统不认同的人，不会有归属感。系统良知是系统罪恶的前提，从属在归属感中，系统偿还就是系统为平衡系统的罪恶而付出的代价。

我在云南给吸毒者讲过一次课，那天有200多个吸毒者在场，我探求他们的家庭关系，发现吸毒的孩子都没有归属感，他们不觉得自己有家，内心的孤独驱使他们去寻求一种刺激，让自己产生存在感。

学员："历史上一些领袖发起内战，让很多人家庭破碎、骨肉分离。从系统动力的角度来说，该如何偿还？"

肖然老师："关于民族，家族系统永远偿还不起民族的愧疚，当一个家族对整个民族有愧疚感，家族所有的成员都会背负一个沉重的包袱，但是民族不会向家族去索取任何偿还。如果想让能量得到和解，就得让欠债的家族改变他的归属，归属于民族之下，归属在更大的系统中。"

第五节　系统自由

每个人都是独立的，每个人也都是自由的。存在主义哲学家萨特认为"存在先于本质""人是绝对自由的"。但是一个人也要为自己的自由选择承担责任。家族系统以爱延续着生命，系统尊重每个人的自由，也允许每个生命以自己独特的方式传递自己的生命。

我们每个人都是自由的。如果你没有一个独立自由的人格，就无法经营自己的人生。

● 案例：给孩子自由

◆ 案主陈述

案主："我是第一次来到这里，为我儿子而来。我儿子有个心结，不爱说话，不愿见人。要是见到这么多人坐在这里，肯定转身就走。在家里只要听到有客人要来，他就会赶紧出去。他下班回家后，我跟他搭话他也不理，进屋把门一关，到吃饭才出来。吃完饭又回到房间里。我做妈妈的很伤心，不知道他在想什么，也不知道我们做错了什么，对不住他。"

肖然老师："在心理学上这叫作社交障碍。他爸爸的性格有什么特点？"

案主："他爸爸是最积极、最敬业的人，对儿子也很心疼，但是一直对孩子严格要求。儿子与他爸爸没什么沟通，与我多一些，有什么事情都是问我，不问爸爸。有事就找我，没事完全不说话。30多岁的人，与社会基本没有沟通。"

学员："他结婚了吗？"

案主："他看到女孩子就跑，哪里能结婚？在单位里领导故意把他安排在前台与人打交道，他低头不看人，来了客人也是低头做事。他小时候很胆小，阳台上都不敢去。我们年纪都大了，他一个人怎么办呀？"

肖然老师："他的问题源于妈妈帮得太多、爸爸压制得太多。妈妈对孩子帮得太多会让孩子有无能感，爸爸压制太多会让孩子有无力感。一个孩子无能和无力感太强，就像头上压着一座山，让他躲在父母的背后，不敢显露自己的本性。"

案主："确实是这样。我和丈夫是三四十年代的人，有一些传统思想。可能我们是做得不对。他读初中的时候还蛮活跃的，唱歌、画画都很好，但现在就只爱看电脑。"

肖然老师："你请一位代表来做你的儿子，我们愿意帮你调整你儿子的状态。"

◆ 五行呈现

儿子代表慢慢走到土位，在土位中间徘徊了一会儿，走到土位、金位、水位之间的三角地带站立。过一会儿，往前移动了两小步。

个案代表慢慢走到火位与金位之间的角落。

丈夫代表走到儿子代表身后。

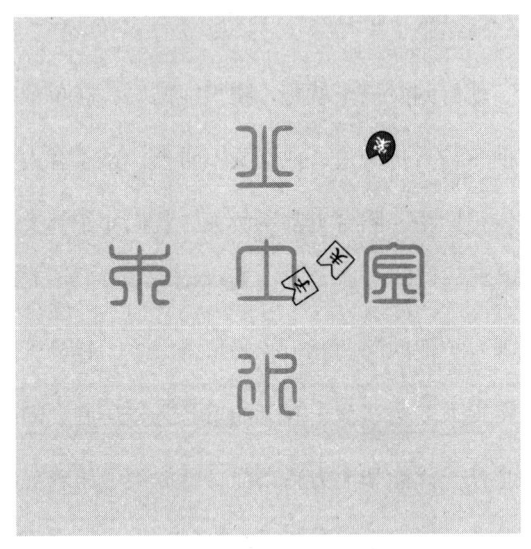

图 4-51

文字说明：案，个案代表；子，儿子代表；夫，丈夫代表。

图形说明：方形代表男性；圆形代表女性；缺口方向为脸的朝向。

儿子代表往前走，走到木位偏下的位置，转过身面对土位。丈夫代表站在土位，看着儿子代表。个案代表退到场外。儿子代表移动到木位与水位之间的角落，父亲代表往水位移动两步，仍然面对着儿子代表。

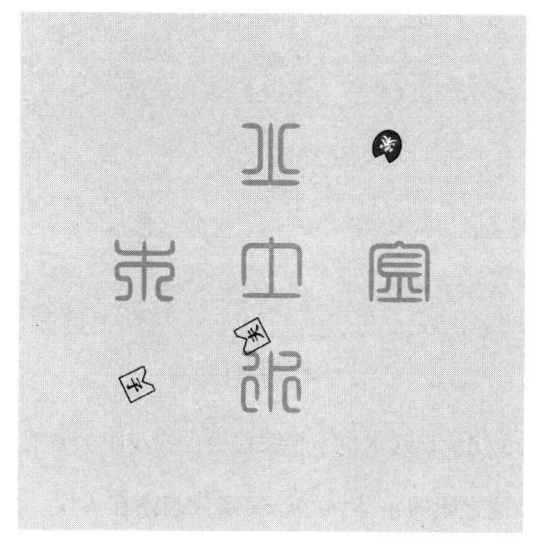

图 4-52

肖然老师："这样的孩子既想逃避又要依赖。"

儿子代表继续往下小步移动，丈夫代表跟着往下移动。过了一会儿，个案代表径直走到儿子代表跟前，牵着儿子代表经火位退到场外。儿子代表挣脱，向火位移动两步。个案代表向儿子代表移动两小步。丈夫代表跟着慢慢走到火位左侧。

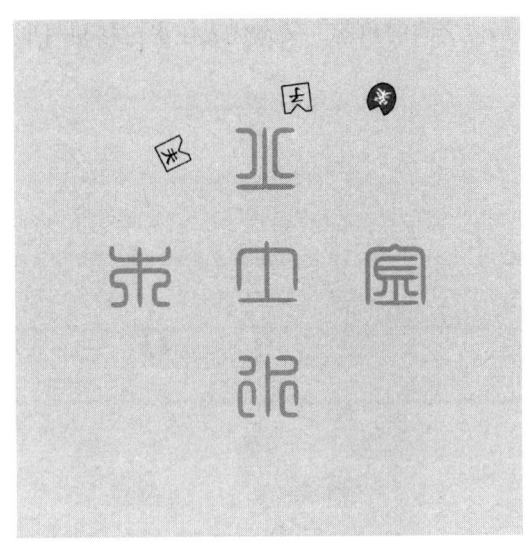

图 4-53

儿子代表快步走到水位,个案代表也快步跟上去把儿子代表拉回火位与金位之间的角落站立。父亲代表站在火位。儿子代表想走、想往后退,都被个案代表拉住了。儿子代表往水位走,个案代表使劲拉,但拉不住,被儿子代表拉着一起走到水位。

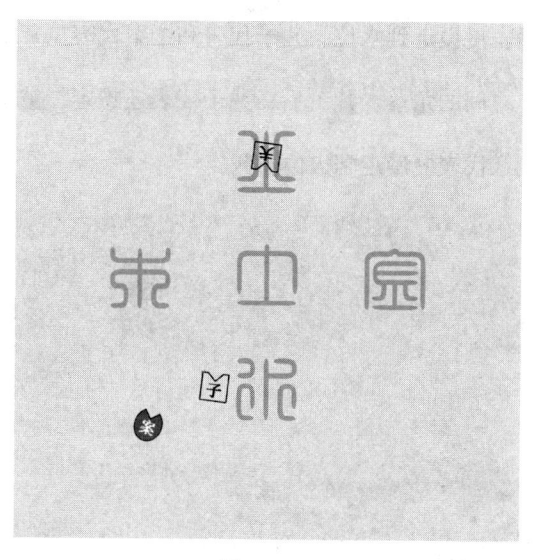

图 4-54

肖然老师:"看到了吗?孩子就这样病了。孩子还有精力去社交吗?他所有的精力都在对抗、逃避。他还有自己的世界吗?"

个案代表(指了一下火位与金位之间的角落):"他(儿子代表)只能在那儿,其他地方都不行。"

说完又用力把儿子代表往那边拉,但是拉不动。

肖然老师:"必须在那儿?"

个案代表:"对。"

个案代表与儿子代表一直在水位附近拉锯。

儿子代表:"我觉得我在哪儿都行,就是不想在那边。"

父亲代表慢慢走到水位。儿子代表和个案代表拉着手迅速跑到火位与金位之间的角落。片刻后，儿子代表还想走，被个案代表使劲拉住。父亲代表慢慢走到火位左侧。

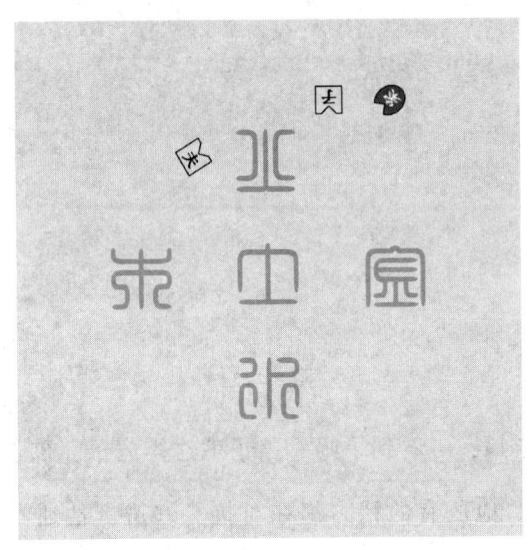

图 4-55

父亲代表（指了一下儿子代表）："我只想看着他，和他在一起。他一远离我就觉得很空。"

肖然老师（对案主）："你先生是老来得子，只关注孩子。你们俩把所有的精力、爱和关注都给了孩子，瞪大了眼睛看着孩子。"

案主："有点像是这样。"

个案代表（指着儿子代表）："他必须在我的眼皮底下，必须在我的控制之下。"

案主："是这样的。因为他太老实了，怕他在外面吃亏。"

肖然老师："他敢出去吗？如果妈妈的爱密不透风，孩子就窒息了。"

案主："看到那场景很烦也很无奈！"

肖然老师："我带你做一件事，马上就好了。来，对儿子说：'儿子，你大了。'"

"妈妈还给你自由。"

案主重复。

个案代表松开儿子代表的手，儿子代表走到火位与木位之间的角落外侧。

肖然老师："你有自己的人生。"

"去走吧。"

"妈妈支持你。"

"在家里看着你，等着你。"

案主重复。

丈夫代表向儿子代表伸出手。儿子代表不理，走到火位、金位与土位之间的三角地带。

肖然老师："来，对你丈夫说：'老公，我们都给孩子自由。'"

"我们俩共同努力。"

"给孩子自由。"

"还给他自由。"

案主重复。

丈夫代表向儿子代表走近两步，儿子代表走到金位。

肖然老师："允许孩子以任何状态存在。"

"相信他会健康。"

"他可以改变。"

案主重复。

肖然老师（问个案代表）："你什么感觉？"

个案代表："舒服多了。"

肖然老师（对案主）："对丈夫说：'老公，我跟你争了一辈子位置。'"

"现在把火位还给你。"

案主重复。

丈夫代表又向儿子代表走近两步，走到金位，儿子代表走到木位与水位之间的角落。

肖然老师："我们俩过自己的日子。"

"还给孩子自由。"

"我把所有的精力都放在你身上。"

案主重复。

丈夫代表走到土位，还是看着儿子代表。儿子代表往下移动两步。

丈夫代表（对案主）："我不信。"

肖然老师（问案主）："可以吗？"

案主："可以。"

肖然老师（摸着案主的后背）："后背这么厚，你承担了这么多年，放得下吗？用心去对丈夫说，说慢一点，用自己的语言向他表达。"

案主（对丈夫代表）："老公，我会把所有的精力放在你身上。"

丈夫代表走到木位与土位之间，儿子代表走到水位外侧。

肖然老师（对案主）："如果你用心去做这件事，孩子马上就好了。你放得下你儿子吗？"

案主："放不下。"

肖然老师："他被别人欺负是可以的。"

案主："要学着放下。"

肖然老师："他要是被别人打了怎么办？"

案主："让他自己去解决。"

肖然老师："这就对了。"

丈夫代表慢慢走到水位外侧，儿子代表走到水位与金位之间的角落外侧。

肖然老师："孩子长大了，就像老鹰一样，它会飞到天上去。"

案主："其实在家里，他爸爸也什么事情都让他自己去做。我带他到哪里去玩他都不去……"

肖然老师："你为什么要带他去玩呢？你不要带他，你们俩该干什么干什么，你们俩有自己的生活吗？"

案主："他就是不去。我让他出去玩他都不去。"

肖然老师："你让他去他当然不去，那是你的指令。"

肖然老师："可以选择放下吗？"

案主："放不下。"

肖然老师："你看你儿子在干什么呢，躲避呀！躲又躲不开怎么办，就藏起来。藏起来也不行，还要被拖出来。"

案主："他爸爸也这样讲，说我帮他帮得太多。"

肖然老师："是啊，你帮得太多了。你只要真放下了，他爸爸就不追他了。"

案主："每次吃完饭后，他爸爸就会拉住我说让儿子去洗碗。孩子会照做。但是他做不好啊，我还要帮他收拾。"

肖然老师："他小的时候，拉屎，你给他擦屁股；尿了床，你给他洗好；穿衣服，你给他拿出来；穿不好，你给他整理好。所有的一切你都帮他照顾好了，他还会干什么呢？"

案主："但是我对他爸爸也这样啊。"

肖然老师："对呀，所以他爸爸也会变成废物。"

案主："我在家里操心所有事。"

丈夫代表走到金位与水位之间的角落。

案主："但是他爸爸现在年纪大了，我不想让他做事。"

肖然老师："这样吧，你就抓住他的手，哪儿都不许让他去。"

肖然老师（问儿子代表）："舒服吗？"

儿子代表："好一点。"

肖然老师（对案主）："抓住丈夫代表的手，对他说：'你别看儿子了，看着我，我给你做饭吃，我给你洗衣服。'"

案主重复。

儿子代表走到木位。

肖然老师问儿子代表："舒服了吗？"

儿子代表："好像还是像被绑着一样。"

肖然老师："对呀，你知道为什么吗？因为爸爸在盯着你。"

丈夫代表眼睛紧紧盯住儿子代表。

儿子代表走到木位与火位之间的角落。

肖然老师（对案主）："我知道你很爱儿子，但这份爱太多了。放得下吗？"

案主:"等买了新房以后,我们就住老房子,让他一个人住新房子。"

肖然老师:"可以啊。"

案主:"他(儿子)也是这样想的。"

肖然老师(问儿子代表):"这样说你舒服吗?"

儿子代表:"挺好的。"

儿子代表走到木位下侧。

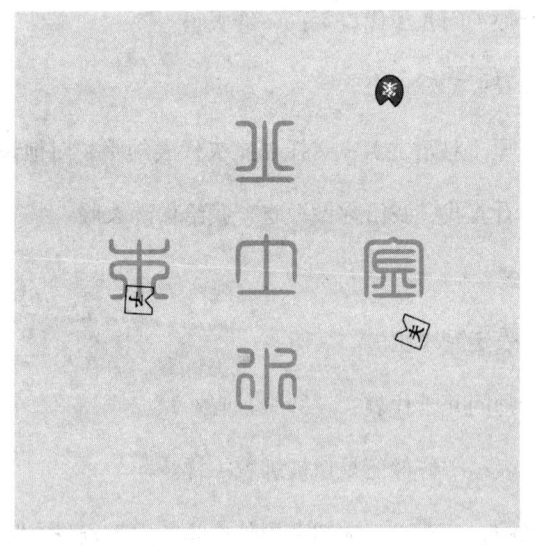

图 4-56

肖然老师问案主:"可以这样吗?"

案主:"可以。"

交还角色。

◆ 分享总结

肖然老师："如果我们总是担心自己的孩子,那么就会给孩子带来负面影响。如果我们选择信任孩子,那么就会给他注入力量。母爱之所以伟大是因为分离。孩子的人生只有他自己才能管理。"

学员分享感受。

学员A："看到这个场景,我想哭。我的家庭也是如此。我的父亲一直在家里,像天一样压着我。我的叛逆全部被压制了。"

肖然老师："对,所以你一直想挣脱,有很多愤怒。"

学员A："之前我一直认为是我与父亲之间有问题,因为我父亲去世了,令我感到绝望,现在感觉越是不愿意面对的事情,往往越是症结所在。"

肖然老师："是的。母亲的爱滋养着孩子,孩子在潜意识里对母亲非常依恋,孩子永远都不愿意恨自己的妈妈。"

学员A："是的。我父亲过世以后,我很想把我母亲接到苏州和我们一起住,然后就因为这个事情爆发了一场大战。"

肖然老师："与妻子是吧?"

学员A："对。我妈妈抢我,我妻子也抢我,我被夹在中间。那个时候我并不理解。"

肖然老师："在妈妈潜意识里,你永远是她的。"

学员A："我当时并没有意识到这些,觉得我妻子无理取闹。

到现在我才明白，这么多年我一直在干一件事情，就是逃走。"

肖然老师："但是还是有依恋。"

学员A："父亲去世以后，我对母亲的牵挂根本放不下，但自己又想逃离，这让我非常纠结。"

肖然老师："现在明白了吗？真正的爱是放手。"

学员A："我是明白了，但我母亲肯定不明白。"

肖然老师："控制是双方的，如果有一方放手，这个关系就放手了。当妈妈在控制你的时候，你就告诉她：'妈妈，我长大了。'"

肖然老师："我妈妈有一次来上海住了半年，她问我：'你还回家吗？家里的房还要吗？'我家里有两个四合院。当时我没有走心，随口说：'不要了，要它干什么？谁要送给谁算了。'我妈妈眼泪立刻就流出来了。因为我有一个心结，不能叫'妈妈'，一叫就要掉眼泪。看到妈妈流眼泪了，我才叫了一声'妈'，我说：'妈，只要你在，我还要回去的。'有时候老人就像孩子，当你看到这个部分，并充分尊重她的时候，妻子就不再与她争了。当你像个孩子一样去依恋妈妈，妻子当然要与她争。"

丈夫代表："我分享一下做代表的感觉。这个案主提供了一个很重要的信息。我一上场就觉得孩子对我有特别大的吸引力，所以孩子走到哪儿，我就被那份温暖带到哪儿。当他走得过远时我就觉得全身无力，好像自己变成了孩子，特别想依赖他，特别想关注他，所以目光从始至终没有离开过他。"

案主："他的感觉与我丈夫的感觉是一样的。他很喜欢、心疼这个儿子。"

肖然老师："所以儿子一上来就站在祖宗的位置。'老儿子，大孙子，老太太病根子。'老来得子，变成祖宗。爱得过多，密不透风，那个孩子就被供起来了。供起来的孩子就不用说话了，因为他是祖宗，在那个位置就是个牌位，天天给他上点供，他就有饭吃。"

儿子代表："我分享一下我的感受。我对父亲没什么明显的感觉，觉得保持一定距离最好。我与母亲好像靠得比较近些。起初我站在外面，母亲把我拉过去我挺开心的。到了那边，她松开了我的手，我就想站在他们中间。后来父亲一动，我就想离远一些，母亲拉着我，她越拉我就越想走。但在心里还是有一点依恋。"

肖然老师："在精神分析里，儿子对母亲的依恋是无意识的，对父亲的对抗也是无意识的。"

个案代表："我想分享的在刚才都已经呈现了，就是想拉着他（儿子代表）。"

肖然老师："在亲子教育中，妈妈要做两件事情：一，别管孩子；二，别帮孩子。往往有些大大咧咧的妈妈对孩子什么都不管，反而培养出健康的孩子，她无意识地遵循了一个法则，就是顺其自然。"

第五章

课程实录分享

学员A："昨天无缘无故与家人为一些小事发生争执，我很凶，凶完以后又觉得很内疚、很难受。我从昨天中午开始到现在一直都不想吃东西，感觉胃和胸口这里有东西堵着，很难受，早上起来就干呕。"

肖然老师："爸爸骂你的时候什么感觉？"

学员A："爸爸没有骂我，就是说话好像很委屈的样子。他这样说话我心里就很难受。"

肖然老师："你自责吗？"

学员A："自责。但是感觉那个气是冲上来的，克制不了，特别生气。"

肖然老师："你在生他的气？"

学员A："生他气，觉得他怎么这么笨！"

肖然老师："妈妈笨吗？"

学员A："妈妈不笨。"

肖然老师："就爸爸笨。不笨的话应该是什么样的？"

学员A："就不会老惹我妈生气。我妈也一直骂他。"

肖然老师："你妈妈怎么骂他的？"

学员A："像是'你怎么这么笨啊'。我有时候也会这样说他，但不会不停地说。我妈妈说爸爸笨的时候，我心里是认同的。但又觉得爸爸其实是很好的人。"

肖然老师："是的，所以你一直很委屈。"

学员A（抽泣）："我觉得这可能也是导致我亲密关系一直处不好的原因。画家庭图的时候，我一直画不好，不知道妈妈是处于什么位置，我是处于什么位置。其实我和妈妈心里还是尊敬爸爸的，只是妈妈比较强势。"

肖然老师："你心疼爸爸吗？"

学员A："心疼。我妈妈确实很聪明，爸爸有时候按照自己的想法做事确实把事情搞砸了，妈妈就有点恨铁不成钢。有时候又觉得爸爸挺可怜的，被妈妈骂得那么凶，还是对我和妈妈那么好。"

肖然老师："如果你是你爸爸，你想对妈妈说什么？"

学员A："能不能尊重我一点，虽然我很笨但是我对你们很好，不要再这样骂我，不要把我当儿子一样骂。"

肖然老师（对大家）："我们都可以和自己待一会儿，去碰触一下那些可能尘封已久的情绪。"看了一眼案主，接着说，"她非常爱她的爸爸，就像爱儿子一样爱爸爸。她觉得爸爸没有被公平地对待。父母是孩子的一部分，是她身体里的一部分，也是她生命的一部分。我们会认同父母的委屈和愤怒，所以在她身上就出现了对抗。这么多年来她一直在对抗自己，所以她的亲密关系也是纠结的。"

学员B："前天从杭州开车过来的时候，我差点被儿子叫回去，因为我答应了去接他，却跑来上海听这个课程。听了肖然老师的课程，我感触很深，想到自己在家庭中的位置，好像有时候太强势，会把自己放到火位上，导致亲密关系有时会出问题。"

肖然老师："你是一个承担型的人。"

学员B："对。我也联想到自己的原生家庭，妈妈生下我之后就生病了，比较少管我，主要是奶奶照顾我。我和爸爸的关系近一些，和妈妈有时候会有一点对抗。在我们家，我爸和我妈的位置是很清晰的。我同时也反思自己在亲密关系上可能存在一些问题。如果不接受父母，肯定也不能很好地接受自己。如果和家人有对抗，亲密关系肯定也处理不好。我昨天晚上睡得不安稳，一直在做梦，许多旧事都出现在梦里。"

肖然老师："我们自己的人生可能在重复某种模式，比如说妈妈的模式。你并不喜欢她的人生，却依然在重复她的人生，所以你与妈妈是对抗的。你在学习她什么？"

学员B："我妈妈有很多优点，比如温和、宽容，但有时候会指责、抱怨我父亲。"

肖然老师："温和、宽容，但抱怨丈夫，你是不是在重复？"

学员B："是的，所以我一直想要努力改变自己。"

肖然老师："改变哪里？"

学员B："改变沟通方式。从现在起，不管是对朋友还是家人，都要改变自己的沟通方式，多欣赏对方的优点，多肯定对方。"

肖然老师："沟通方式只是一种行为表现。"

学员B："因为我认可过去自己的不足，所以才决定做出这些改变。"

肖然老师："水总是往低处流，所以才谦卑。居众人之所恶而不争。"

学员B："我觉得还是尊重、理解、欣赏。"

肖然老师："当你真正学会欣赏、包容，就可以成为一个女人。"

学员B："从点滴做起吧。"

学员C："我不知道自己在家庭五行中属于什么位置，有时候处于火位，有时候又觉得处于水位。我也不知道该把我的丈夫放在什么位置，感觉他在我的家庭五行图之外。好像又觉得自己也游离在家庭五行图之外，站在水的位置也不对，站在火的位置也不对，不知道要站在哪儿。"

肖然老师："你觉得你配有个家吗？"

学员C："我一直想要一种家的感觉。"

肖然老师："你觉得你有资格有家吗？"

学员C："我觉得在孩子的养育中，我根本不能做主，什么事情我公公都管着我，管着我的孩子，不让我们俩自己做主。"

肖然老师："你想为孩子做什么主？"

学员C："有时候我带孩子出去一下，在草地上玩，公公就会很不放心，过一会儿就过来给孩子擦擦汗，做点什么。我丈夫带孩子出去，他也是很不放心。"

肖然老师："他的不放心让你有什么感觉？"

学员C："很难受。觉得我的孩子我为什么不能做主。"

肖然老师："他会让你没有资格感。你觉得呢？"

学员C："特别是这段时间，我特别纠结，看到公公就会烦躁。我丈夫也因此经常一个人出去。我也不想待在家里，也不想与他生活在一起。"

肖然老师："你丈夫离开你有多久了？"

学员C："他出去有半年多了，也不是完全离开，就是不喜欢回家。"

肖然老师："你觉得他是想离开谁？"

学员C："我想他是想离开现有的这个家庭。"

肖然老师："你觉得你给了他什么？"

学员C："可能过去那几年我也在扮演他爸爸的角色，会给他一些压力。"

肖然老师："是的，你看你充当了什么？我问你的每一句话都有很深的意思，你去想想。你觉得你有资格有个家吗？"停顿了一会儿，继续说，"你在告诉我你没有资格，你在想尽一切办法让你丈夫离开你。什么感觉？"

学员C："可是我觉得上次与你聊过之后我已经开始改变了，我觉得我和他的关系会有所改变。"

肖然老师："会的，当你愿意改变的时候。"

学员C："他会与我分享他事业中、生活上的一些问题，我很高兴。但改变发生之后我越来越明显感受到家庭的压抑。"

肖然老师："你和自己待一会儿。"

学员D："在我的家庭里，我妈妈觉得我爸爸没用，我和妹妹也都觉得他挺没用的。我妈妈很强势，我爸爸原来还是很男人的，后来就越来越弱。爸爸是财政局的公务员，很正直，没有额外的收入，所以妈妈总觉得他没用。但我很欣赏爸爸，我和妈妈有对抗，我一边认同她说我爸没用，一边又特别理解爸爸，我甚至告诉妈妈：你选择了一个什么样的男人你就选择了什么样的生活。我二十几岁还没结婚就知道这样教育妈妈。"

肖然老师："你要选择一个什么样的男人？"

学员D："我肯定选择一个和我爸爸完全不一样的。因为我爸爸很暴力，从小到大经常打我。我大一的时候就遇到一个男生追我，可是我坚定无疑地拒绝了他。这么多年以后才发现，他说话的语气、力度和我爸爸一样，所以当时我非常拒绝。心理学说：你有一个什么样的爸爸将来就会找什么样的丈夫。我想我大概不会这样。我也很心疼爸爸，在他病重的时候，我和妈妈一起照顾他。有一天他坐在床上，我坐在他的侧边，用手摸着他的后脑勺。因为爸爸经常打我，我和爸爸一直是有距离的。当我摸着他的时候，瞬间我觉得我和他连接上了。隔着头发我能触碰到一些头皮，我突然觉得他像我儿子，好像就是我生的。妈妈就站在旁边，我想她一定是看着我的，她心里明白这些情感。"

学员D："上高中之前我都觉得爸爸很没用，之后我就越来越理解爸爸了。很多时候会觉得他怎么那么没用，但事后才明白他努力过、尝试过，但被拒绝了。所以我后来很理解、很支持我爸爸，让他对抗妈妈，因为她一辈子都在埋怨我爸没用，我不知道她怎么想的，反正觉得她情商太低。我以后不会像她这样做女人。"

肖然老师："好，谢谢！我觉得你的选择和你在心目当中对他的判断正是你自己的世界。比如说，你肯定你的男人是个有力量的人、有能力的人，有可能那个男人就成了一个有力量、有能力的人，同意我的说法吗？佛说'一切由心造'，其实我是这样理解的：这个世界你想要什么，它就会给你什么。"

学员E："听了大家的分享后，我很受触动。第一次与肖然老师对话时，有一句话我确实没明白，就是对妈妈说'力不从心，做好自己'。但我还是感觉没办法摆脱妈妈对我的控制，我曾经梦到我妈妈和我丈夫一起管着我，强迫我去干什么事情，最后我屈从了。之后又很生气，为什么要听她的？自己没有脑子吗？于是我对他们说'你们要这样的话咱们不要在一起了'。然后就哭醒了。听完大家的经历之后，突然觉得自己这一生应该给予爸爸妈妈更多的理解，之前所做的事情好像都是为了要我去理解他们。"

肖然老师："大家体会过吗，我们的一生就在完成两件事情：我们在重温着、回顾着童年的快乐，同时在试图改变自己不喜欢的父母。其实我们真正要做的是接受我们曾经的成长经历，服从真正的自我，让你的生命力与自然连接，绽放自己的人生。我女儿曾经对我说：'爸爸，你很厉害，我到哪里都有人照顾。'我对女儿说：'我们给你的只有两件东西，一个是信任，一个是支持。我信任你能够用自己的方法和自己的力量活出自己的人生，我支持你有任何自己的选择，因为你和我们不一样。'"

肖然老师："我有一个女儿、一个儿子，我从来不为他们的学习着急，也不为他们的事业着急，因为我相信他们，允许他们以各自的方式走完自己的人生，他们可以作出自己愿意的选择，只要是他们自己选择的我就支持他们。父母就像大地，大地不讲话，然而万物运作。老子说：'行无言之教，处无为之事。'父母只要把自己做好，孩子就会成长好。我们给予孩子什么样的营养，他们就会成长为什么样的人。"

联系我们

然健康上海（总部）

电话：021-58951136

地址：上海市浦东新区三林路88弄明通文化产业园三号楼然健康中心

然健康北京

电话：010-84491042

地址：北京市朝阳区尚家楼路2号裘马都社区4单元101号

企业官网：www.ranjiankang.com

全国400热线：400-8358-021

欢迎您关注我们！

世图心理 重点图书

《幸福的流失》　　《脊椎告诉你的健康秘密》　《隐藏在家庭中的五行系统动力》

《发展与罪恶》　　　　　《自我的智慧》　　　　　《空间诗学》
Growth and Guilt　　　The Wisdom of the Ego　　The poetics of space

《儿童精神分析》　　　　《嫉羡与感恩》　　　　　《穿越孤独》
The Psycho-Analysis of Children　Envy and Gratitude and Other Works 1946-1963　Encounters with Loneliness: Only the Lonely

全部图书信息，
请当当搜索
"世图心理"

世界图书出版公司北京公司

世界图书出版公司北京公司成立于1986年，是中宣部直属中国出版集团的成员单位。公司定位于专业出版与专业教育出版，以科技书语言学原版影印、心理学、影视文化、外语学习、动漫绘本、人文社科为主要图书产品线。

成立以来，北京世图已累计从欧、美、日、韩以及港澳台等国家和地区引进出版图书10000余种，专业期刊近2000种，与国际各大出版公司数十年的合作经验，使北京世图在国内出版社中有着独一无二的版权优势。

北京世图与全国各类书店、学校、图书馆等机构有着深厚的联系，良好的发行和营销渠道为读者提供着优质且便利的服务，图书市场占有率一直名列前茅。同时，公司致力于打造年轻能干的编辑团队，扩大"世图"品牌影响力，凝聚了各领域最权威的作者力量。

北京世图将继续秉承"把世界介绍给中国，把中国介绍给世界"的出版理念，不断创新合作模式，专注于出版精细化，为国际先进的文化科技在中国的传播和中华文化在世界的推广而不懈努力。

"世图心理"冰山书系

Beijing World Publishing Corporation

Beijing World Publishing Corporation, founded in 1986, is a member company of China Publishing Group. It has targeted "professional publication and professional education publication" as its core business and formed five complete product lines, including authorized reprint of linguistic and sci-tech books, series of psychotherapy, film books, series of foreign language learning, comic books and series of humanities and social science.

Ever since its establishment, BWPC has already introduced a total of more than 10,000 books and 2,000 professional journals from the Europe, America, Japan, Korea, Hong Kong and other countries and regions. Years of sound cooperation with the world class publishing corporations provides BWPC with a unique copyright advantage over the other domestic presses.

BWPC maintains a deep connection with bookstores, universities and libraries around the country. Advanced distribution and marketing strategy help to offer excellent reading experience and convenient service to the readers. A top market share has been kept. Meanwhile, the company is devoted to cultivating young editing talents, expanding the brand influence and drawing the most authoritative writers in different fields.

BWPC will still hold "introducing China to the world, introducing the world to China" as its publishing principle, trying to innovate cooperation mode and being committed to refined publication, to make significant contribution to the spread of advanced international culture and technology in China and the promotion of outstanding Chinese culture in the world.

"世图心理"大师彩虹书系

「世图心理」重点图书

把世界介绍给中国
把中国介绍给世界

《心灵的激情》 The Passions of the Mind

《偏执狂》 Paranoia

《父性》 The Father

"世图心理" 亲附系列

《情感依附》 Lives Across Time / Growing Up
《我的童年受伤了》 Beginning to grow
《母婴关系创伤疗愈》 Relational Trauma in Infancy

"世图心理" 萨提亚系列

《新家庭如何塑造人》 The New Peoplemaking
《萨提亚治疗实录》 Satir Step by Step
《萨提亚家庭治疗模式》 The Satir Model Family
《掌握家庭治疗》 Mastering Family Therapy

"世图心理" NLP 系列

《神奇的结构》 The Structure of Magic I and II
《语言的魔力》 Sleight of Mouth